Khalil Gibran

Worte wie die Morgenröte

Khalil Gibran

Worte
wie die Morgenröte

Herder
Freiburg · Basel · Wien

Ausgewählt und eingeleitet
von Rose Marie Krizanits

Die Auswahl (vgl. Quellenverzeichnis S. 6) erfolgte mit
freundlicher Erlaubnis des Walter-Verlags, Olten,
und des Goldmann-Verlags, München.

Umschlagfoto: Otl Aicher

Verlag Herder Freiburg im Breisgau 1988
Herstellung: Freiburger Graphische Betriebe 1988
ISBN 3-451-21185-8

Inhalt

Quellenhinweis:

Die Texte sind folgenden Werken von Khalil Gibran entnommen:

Der Prophet. Wegweiser zu einem sinnvollen Leben (Walter Verlag,
   Olten [21]1987) (= Prophet).
Geheimnisse des Herzens (Walter Verlag, Olten [5]1986) (= Geheim-
   nisse).
Gebrochene Flügel (Walter Verlag, Olten [4]1987) (= Flügel).
Abgründe des Herzens (Walter Verlag, Olten [4]1987) (= Abgründe).
Der Narr. Lebensweisheit in Parabeln (Walter Verlag, Olten [9]1985)
   (= Narr).
Rebellische Geister (Walter Verlag, Olten [2]1986) (= Rebellische Gei-
   ster).
Das Reich der Ideen (Walter Verlag, Olten [4]1987) (= Ideen).
Sand und Schaum. Aphorismen (Walter Verlag, Olten [8]1986) (=
   Sand).
Das Khalil Gibran-Lesebuch. Ausgewählt von J. Sheban und U. Assaf-
   Nowak (Walter Verlag, Olten 1983) (= Lesebuch).
Der Wanderer. Mit sieben Zeichnungen des Autors (Goldmann, Mün-
   chen 1987) (= Wanderer).
Im Garten des Propheten (Goldmann, München 1986) (= Garten).

Einleitung

Wie die Morgenröte Tag und Nacht als zusammengehörig verbindet, so sprechen Khalil Gibrans Worte von der verborgenen Einheit der Gegensätze des Lebens, verbinden die Höhen des Geistes mit den Tiefen des Herzens durch die Kraft der Liebe.

Geboren im Libanon, dem „Lande der Propheten", emigrierte Khalil Gibran schon in jungen Jahren nach Nordamerika. Sein Leben spannt einen Bogen zwischen der Alten Welt des Vorderen Orients, wo er in der Tradition der aramäischen Christen erzogen wurde, und der Neuen Welt der USA, die damals mehr denn je Freiheit und Fortschritt verhieß. Zeit seines Lebens bemühte er sich, diese beiden Pole, das Alte und das Neue, Ost und West, durch eine Brücke der Menschlichkeit zu verbinden. Leidenschaftlich bekämpfte er das Sklaventum des Materialismus, die herzlose Enge menschlicher Gesetze und Traditionen, die doppelzüngige Moral der

Mächtigen in seiner alten wie in der neuen Heimat, und verkündete die innere Freiheit, die, aus Schmerz und Einsamkeit erwachsen, den Menschen zur wahren Schönheit des Lebens führt.

Gut und Böse, Freude und Schmerz, Licht und Schatten – sie gehören zusammen für den, der schaut mit den Augen der Weisheit, die unabhängig vom oberflächlichen Urteil der Menschen mit der Kraft der Liebe in die Tiefe blicken und die Blume erkennen, wie sie lebt mit den Wurzeln in der Nacht der Erde, mit den Blüten im Licht des Himmels: „Nur auf dem Pfade der Nacht erreicht man die Morgenröte" (Sand, 11).

Die Morgenröte ist für Khalil Gibran ein Symbol der Hoffnung. Nach der Dunkelheit der Nacht verheißt sie das Kommen des Lichts: „Am Grunde des Herzens eines jeden Winters liegt ein Frühlingsahnen, und hinter dem Schleier jeder Nacht verbirgt sich ein lächelnder Morgen" (Ideen, 97). Morgenröte, ein zartes vergängliches Farbenspiel, dessen Zauber uns mit Ahnung erfüllt, Zeit des Übergangs, Zeit des stillen ehrfürchtigen Lauschens, Zeit des Aufbruchs zur Tat – in ihrem geheimnisvollen

Licht schimmert sie auch durch die Poesie Gibrans.

Khalil Gibran wurde am 6.12.1883 in der libanesischen Stadt Becharré geboren. Dort, am Rande der Klippen des Wadi Quadisha, dessen wild zerklüftete Hänge von den heiligen Zedernwäldern bewachsen sind, verbrachte er seine Kindheit. Als er zwölf Jahre alt war, wanderte die Mutter mit den Kindern – seinem älteren Halbbruder, den beiden Schwestern und ihm – in die USA aus, in ein Land, das ein besseres Leben verhieß als die von türkischer Fremdherrschaft geknechtete Heimat. Zwei Jahre später kehrte Khalil Gibran jedoch zu einem vierjährigen Studienaufenthalt in den Libanon zurück. Er beschäftigte sich intensiv mit der arabischen Sprache, mit der Geschichte und Kultur seiner Heimat, kannte die arabischen Philosophen, die christliche und islamische Theologie, studierte aber auch die östliche Weisheit der Vedas ebenso wie die Schriften eines Voltaire, Rousseau oder Nietzsche. In dieser Zeit unternahm er mit dem Vater, der in der Heimat zurückgeblieben war, viele Reisen in Kleinasien, später auch alleine nach Griechen-

9

land, Italien, Spanien und Frankreich, wo er in Paris ein Jahr lang Malerei studierte.

1903 wurde er nach Boston zurückgerufen. Seine jüngere Schwester, seine Mutter und sein älterer Halbbruder waren schwer an Tuberkulose erkrankt und starben kurze Zeit später. Wie sehr er unter dem Verlust der Mutter litt, wird deutlich in seinem Roman „Gebrochene Flügel". Hier beschreibt er, was die Mutter ihm bedeutet: „Die Mutter ist alles im Leben; ein Trost in den Zeiten der Sorge, eine Hoffnung in den Zeiten des Kummers, eine Kraft in den Augenblicken der Schwäche. Sie ist eine Quelle des Mitleids, der Geduld und der Nachsicht. Wer seine Mutter verliert, verliert eine Brust, an die er seinen Kopf betten kann, eine Hand, die ihn segnet, ein Paar Augen, die über ihn wachen" (75).

1904 stellte er mit geliehenem Geld erstmals seine Gemälde aus. Doch die Sammlung fiel einem Brand zum Opfer – ein erschütterndes Ereignis für den jungen Künstler, der vom Verkauf seiner Arbeiten leben mußte. Später kommentierte er diesen Verlust mit der Bemerkung, daß seine Jugendwerke ohnehin noch unreif gewesen seien.

Bald darauf siedelte Khalil Gibran nach New York um, wo er in Manhattan ein Appartement, Eremitage genannt, bewohnte. Dort trafen sich im kleinen Kreis emigrierte arabische Schriftsteller und Künstler. Unter der libanesisch-syrischen Bevölkerung New Yorks war Gibran durch seine Veröffentlichungen in mehreren arabischen Zeitschriften kein Unbekannter mehr. Entschlossen rief er hier sein Volk zum Widerstand gegen Entrechtung und Ausbeutung auf.

In seiner alten Heimat hatten einige unzugängliche Orte in den Bergen der Eroberung durch die Türken trotzen können und waren christlich geblieben. Doch die Kirche übernahm hier eine feudalistische Rolle und unterdrückte die Bevölkerung. Gegen diese Degeneration der Kirche zu einem Herrschaftsinstrument begehrte Gibran vehement auf, insbesondere in seinen kritischen Schriften „Johannes, der Narr" und „Khalil, der Abtrünnige", aber auch in anderen Erzählungen aus der Sammlung „Abgründe des Herzens", die zu Beginn seiner literarischen Laufbahn entstanden. „Zwischen dem das Gesetz verkörpernden Herrscher und dem Gott verkörpernden Priester welkt und stirbt das libanesische Volk an Leib

und Seele" (Lesebuch, 60) – so lautete sein Weck-
ruf an sein Volk und an die Welt, mit dem er
auch in seiner arabischen Heimat berühmt und
für die dortige Jugend zum Fackelträger einer
neuen Zeit wurde.

In gleicher Weise engagierte sich Gibran für
die Befreiung der Frau von unterdrückenden
und entwürdigenden Traditionen und Gesetzen,
die sie völlig der Willkür des Mannes ausliefer-
ten. Mit seinen Schriften wurde er zum Sprach-
rohr für die Sehnsucht der Frau, als Person
erkannt und geachtet zu werden. In „Geheimnisse des Herzens" schreibt er: Das Frauenherz
ist wie ein Buch, das nur der getreue Gefährte
lesen kann, „der zugleich die andere Hälfte der
Frau ist, für sie erschaffen vom Anbeginn der
Welt" (51). Eine Beziehung zwischen Mann und
Frau als sich ergänzende Wesen und damit
gleichberechtigt vor dem Gesetz und in der Gesellschaft war das Ideal, für das Gibran eintrat.

Der Durchbruch zu allgemeiner Berühmtheit
gelang ihm 1923 mit dem „merkwürdigen kleinen Buch", wie er selber seinen „Propheten"
nannte. In den Worten des Propheten, durch
die der Atem der arabischen Poesie ebenso weht

wie der Geist der Bergpredigt, verkündet Gibran
die wahre Schönheit des Lebens, die hinter allem Leid verborgen liegt. Wenngleich er entschlossen gegen jenes Leid kämpfte, das aus der
Willkür und dem Egoismus der Menschen entsteht, so sah er im Schmerz doch auch eine Arz-
nei für unser krankes egoistisches Selbst: bewußt durchlittener Schmerz ist für ihn Reini-
gung von allem Überflüssigen, ein Wachstums-
schmerz, ein Tor, durch das der Mensch zu
Besonnenheit und Mäßigung, zu Mut und Gerechtigkeit, zu Barmherzigkeit und Selbstver-
zicht und schließlich zur Liebe und damit zu
seinem wahren Selbst geführt wird. Liebe ist für
Gibran aber nicht nur Ziel, sondern auch Weg,
ist die alles verwandelnde Kraft; und in Anglei-
chung an das Bibelwort „Wenn das Weizenkorn
nicht in die Erde fällt und stirbt, bleibt es allein;
wenn es aber stirbt, bringt es reiche Frucht" (Joh
12,24) beschreibt er ihr Wirken: „Denn gleich
wie die Liebe dich krönt, so wird sie dich kreu-
zigen ... gleich Garben von Korn rafft sie dich
an sich, sie drischt dich, um dich zu entblößen,
sie siebt dich, um dich von der Spreu zu befreien. Sie zermalmt dich, bis du weiß wirst, sie

knetet dich, bis du geschmeidig bist. Und dann beruft sie dich an ihr heil'ges Feuer, auf daß du heil'ges Brot werdest zu Gottes heil'gem Festmahl" (Prophet, 13 f).

Vielfach klingen in Gibrans Poesie mystische Vorstellungen an von der verborgenen Einheit der Gegensätze wie auch des Teiles und des Ganzen: „Sie sagten mir bei Ihrem Erwachen: ,Du und die Welt, in der du lebst, seid nur ein Sandkorn an dem unendlichen Strand eines unendlichen Meeres.' Und in meinem Traum antwortete ich ihnen: ,Ich bin das unendliche Meer, und alle Lebewesen sind nur Sandkörner an meinem Strand'" (Sand, 6).

Von der verborgenen Einheit der Seele und ihres göttlichen Urgrundes sprechen die folgenden Worte: „Du rufst den Unbekannten an, und der Unbekannte, verhüllt in dichtem Nebel, wohnt in dir selbst; ja, in deiner Seele schlummert dein Erlöser ... und dies ist das Geheimnis unseres Seins" (Lesebuch, 133).

Die Seele ist für Gibran göttlich und unsterblich, durch die Materie von ihrem göttlichen Ursprung getrennt und in ständiger Sehnsucht nach Wiedervereinigung. Der Tod ist Rückkehr zu diesem verborgenen Ewigen, er zerreißt den Schleier, der die Seele von ihrem Urgrund, den Menschen von seiner Vollendung trennt.

In diesem Zusammenhang glaubt Gibran an Reinkarnation, wie es an mehreren Stellen seines Werkes deutlich wird. So spricht der „Prophet", bevor er die Insel, auf der er zwölf Jahre gelebt hat, verläßt: „Der Tag ist vollbracht. Er schließt sich über uns, wie sich die Wasserlilie bis zum nächsten Morgen verschließet. Vergeßt nicht: Ich werde wiederkehren zu euch. Ein Weilchen noch, ein kurzes Rasten auf dem Winde, und ein anderes Weib wird mich gebären" (70f). Gibran erschien die Spanne eines Lebens zu kurz, um den Menschen so weit zu reinigen, daß sein höheres Ich in ihm zur Geltung kommen kann.

In seinem letzten Werk, dem „Garten des Propheten", das erst nach seinem Tode veröffentlicht wurde, beschreibt Gibran die Ankunft des Propheten in seiner alten Heimat. Die Worte, mit denen dieser seine Schüler im einsamen Garten unterweist, spiegeln Gibrans Gottesbild: „Meine Freunde und Lieben, stellt euch ein Herz vor, das alle Herzen enthält, eine Liebe, die alle Liebe umfängt, einen Geist, der alle Gedanken beinhaltet, eine Stimme, die sich aus allen Stimmen zusammensetzt, und eine Stille, die tiefer ist als jede andere Stille – und dies in einem Wesen außerhalb der Zeit" (Lesebuch, 135).

Auch sein Bild vom Menschen als Träger des Göttlichen strahlt noch einmal auf: „Ich wünschte mir, daß ihr wüßtet, wir sind der Atem und der Wohlgeruch Gottes. Wir sind Gott im Blatt, in der Blume und oftmals in einer Frucht" (ebd.).

Noch bevor sich Khalil Gibrans eigener Traum erfüllen konnte, endlich in seine Heimat zurückzukehren und dort in der Stille des kleinen Bergklosters Mar Sarkis zu leben, in der Nähe seiner Heimatstadt Becharré, starb er nach langer schwerer Krankheit am 10. April 1931 in New York. Sein Leichnam wurde in den Libanon überführt und an dem Ort, den er sich für sein Leben in Stille gewählt hatte, feierlich bestattet.

Seine Worte aber bleiben, Worte, die zur Morgenröte werden können.

I

Erst so ihr von euch selber gebet,
gebet ihr wahrhaftig!

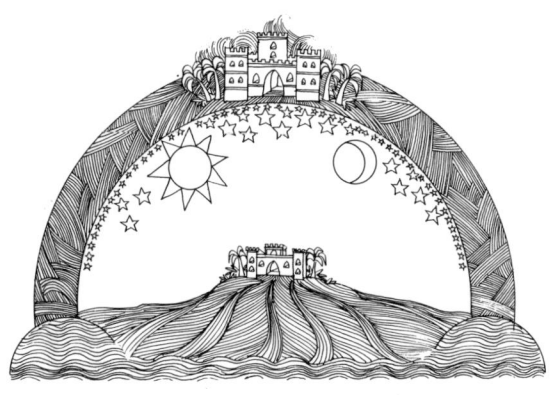

Und er sprach bei sich:
Soll der Tag des Abschieds zum Tage der Ernte werden? Und soll dies heißen, daß mein Abend in Wahrheit meine Morgenröte war?

Prophet, 9

1. Von der Aufrichtigkeit

Arbeit ist sichtbar gewordene Liebe.

Und vermöget ihr nicht mit Liebe zu schaffen, doch nur mit Widerwillen, so verlasset lieber eure Arbeit und setzet euch an das Tor des Tempels, um Almosen zu empfangen von jenen, die freudig arbeiten.

Denn so ihr Brot gleichgültig backet, backt ihr ein bitteres Brot, das den menschlichen Hunger nur halb stillt.

Und so ihr die Trauben mit Murren presset, träufelt euer Groll ein Gift in den Wein.

Und sänget ihr auch den Engeln gleich und liebetet Singen nicht, so trübetet ihr nur das Ohr der Menschen für die Stimmen des Tags und die Stimmen der Nacht. Prophet, 24

Wenn du aufrichtig sein mußt, sei in Schönheit aufrichtig; sonst halte dich still, weil ein Mann in deiner Nachbarschaft ist, der gerade stirbt. Sand, 42

Der wahrhaft Gute ist der, der zu all denen hält, die für schlecht gehalten werden. Sand, 36

Es ist edler, standhaft auszuhalten in den Schwierigkeiten und Beschwerden des Lebens, als sich zurückzuziehen in Sicherheit und Geborgenheit. Der Schmetterling, der so lange um das Licht flattert, bis er verbrennt, ist bewundernswerter als der Maulwurf, der, um Gefahren zu entgehen, seine Wohnung in unterirdischen Gängen baut. Und das Samenkorn, das die Kälte des Winters und die Stürme nicht ertragen kann, hat auch nicht die Kraft, die Erde aufzubrechen und sich an der Anmut und den Wundern des Frühlings zu erfreuen. Flügel, 72

DER WEISE KÖNIG

Einst herrschte in der fernen Stadt Wirani ein König, der war mächtig und weise. Er war gefürchtet ob seiner Macht und wurde wegen seiner Weisheit geliebt.

Im Herzen der Stadt gab es einen Brunnen

mit kühlem, kristallklarem Wasser. Alle Bewohner tranken daraus, auch der König und seine Hofleute, denn es gab keinen anderen Brunnen.

Eines Nachts, als alle schliefen, kam eine Hexe in die Stadt und goß sieben Tropfen einer fremden Flüssigkeit in den Brunnen und sprach: „Wer von Stund an dieses Wasser trinkt, soll verrückt werden."

Am nächsten Morgen tranken alle Leute, mit Ausnahme des Königs und seines Kanzlers, aus dem Brunnen und wurden verrückt, wie die Hexe vorhergesagt hatte.

Den ganzen Tag flüsterten die Leute in den engen Gassen und auf dem Marktplatz: „Der König ist verrückt. Der König und sein Kanzler haben den Verstand verloren. Wir können doch nicht von einem verrückten König regiert werden. Wir müssen ihn stürzen!"

Am Abend ließ der König am Brunnen einen goldenen Becher füllen. Und als man ihm den Becher brachte, trank er daraus in großen Zügen und gab auch seinem Kanzler davon zu trinken.

Da feierte die ferne Stadt Wirani ein großes

Freudenfest, denn der König und sein Kanzler
hatten ihren Verstand wiedergefunden.

Der Narr, 20 f

SIEBEN TADEL

Ich tadelte meine Seele siebenmal.
Das erste Mal, als ich versuchte,
mich auf Kosten der Schwachen zu erhöhen.
Das zweite Mal, als ich vor Verkrüppelten
zu hinken vorgab.
Das dritte Mal, als ich, vor die Wahl gestellt,
das Leichte dem Schweren vorzog.
Das vierte Mal, als ich einen Fehler beging
und mich mit den Fehlern der anderen tröstete.
Das fünfte Mal, als ich, aus Furcht gefügig ge-
worden, behauptete,
groß in der Geduld zu sein.
Das sechste Mal, als ich meine Kleider hob,
um dem Schmutz des Lebens zu entgehen.
Das siebente Mal, als ich Gott mit Hymnen
pries und meinen Gesang für Tugend hielt.

Lesebuch, 86

2. Von der Gerechtigkeit

Ihr vermöget nicht, den Gerechten vom Ungerechten zu trennen, noch den Guten vom Bösen.

Denn vor dem Antlitz der Sonne stehen sie beieinander, so wie der schwarze Faden und der weiße zusammen verwebt sind.

Und reißt der schwarze Faden, so muß der Weber das ganze Gewebe prüfen und auch den Webstuhl untersuchen ...

Und wer die Schuldigen geißeln will, der forsche erst in der Brust der Beleidigten.

Und wer von euch im Namen der Gerechtigkeit strafen und die Axt setzen möchte an den Baum des Übels, der prüfe erst dessen Wurzeln;

Und wahrlich, er wird finden die Wurzeln des Guten und des Bösen, des Fruchtbaren und des Unfruchtbaren, dicht verflochten miteinander im stummen Schoße der Erde ...

Und ihr, die ihr vorgebt Gerechtigkeit zu verstehen, wie solltet ihr dessen fähig sein, so ihr nicht alle Taten betrachtet, im vollen Lichte?

Erst dann werdet ihr wissen, daß der Aufrechte und Gefallene wie *ein* Mensch sind, stehend im Dämmern zwischen der Nacht seines Zwergseins und dem Tag seines göttlichen Ichs,

Und daß der Eckstein des Tempels nicht höher ist, als der niedrigste Stein im Fundamente.

Prophet, 33 f

Wie kann ich den Glauben an die Gerechtigkeit im Leben verlieren, wenn die Träume derer, die auf Federn schlafen, nicht schöner sind als die Träume derer, die auf der Erde schlafen?

Sand, 11

Sei nicht vom Mitleid erfüllt, aber sei gerecht. Mitleid gewährt man dem schuldigen Verbrecher, während ein unschuldiger Mann nur nach Gerechtigkeit verlangt.

Ideen, 62

Wie niederträchtig bin ich, wenn mir das Leben Gold gibt und ich dir Silber gebe und mich dabei für großzügig halte.

Sand, 35

Es ist euer Ergötzen, Gesetze zu verordnen, doch ist euer Ergötzen, sie zu brechen, noch größer, gleich Kindern, die am Meere spielen und unentwegt Sandburgen bauen, um sie dann lachend zu vernichten ...

Doch wie steht's mit jenen, für die das Leben nicht ein Meer ist, und denen die von Menschen geschaffenen Gesetze keine Burgen aus Sand bedeuten, sondern für die das Leben ein Fels ist und das Gesetz ein Meißel, womit sie ihn gern behauen möchten, nach ihrem Ebenbilde?

Wie ist's um den Krüppel bestellt, der die Tänzer hasset?

Wie um den Ochsen, der sein Joch liebt und der den Elch und das Wild im Walde als verlaufenes, herrenloses Vieh betrachtet?

Wie um die alte Schlange, die ihre Haut nicht mehr abzuwerfen vermag und alle andren nackt und schamlos nennt?

Und wie um den, der zu früh beim Hochzeitsschmause erscheint und sich dann übersättigt und müde davonmacht mit der Behauptung, daß jedes Festmahl eine Entweihung sei und jeder Tischgenosse ein Übertreter des Gesetzes?

Von jenen vermag ich nur dies zu sagen: Auch sie stehen im Sonnenlicht, doch mit dem Rücken der Sonne zugekehret.

Daher sehen sie nur ihren Schatten, und dieser Schatten ist ihr Gesetz.

Prophet, 35

3. Von Reichtum und Armut

Im Austausch der Gaben dieser Erde werdet ihr Fülle finden und gesättigt werden.

Doch geschieht dieser Austausch nicht mit Liebe und milder Gerechtigkeit, so führt er nur die einen zur Habgier und die anderen zum Hunger.

Prophet, 30

Denke daran, daß Göttlichkeit das wahre Selbst des Menschen ist. Man kann es weder für Gold verkaufen noch kann man es anhäufen wie die Reichtümer der Welt.

Ideen, 25

Sie breiteten ihren Reichtum an Gold und Silber, Elfenbein und Ebenholz vor uns aus, und wir breiteten unsere Herzen und unseren Geist vor ihnen aus.

Und doch hielten sie sich selbst für die Gastgeber und uns für die Gäste.   Sand, 39

Sie halten mich für verrückt, weil ich meine Tage nicht für Gold verkaufen will.

Und ich halte sie für verrückt, weil sie glauben, meine Tage hätten einen Preis.   Sand, 39

Der Nehmende ist nicht achtsam, es ist der Gebende, der sich in acht nehmen muß, daß er in brüderlicher Liebe und freundschaftlicher Hilfe gibt und nicht zum eigenen Wohlgefallen.

Abgründe, 71

Es sagte ein Philosoph zu einem Straßenfeger: „Ich bedaure dich. Hart und schmutzig ist dein Tagewerk."

Und der Straßenfeger sagte: „Vielen Dank, Herr. Aber sage mir, was für Arbeit hast du?"

Und der Philosoph antwortete und sagte: „Ich

studiere des Menschen Geist, seine Taten und sein Verlangen."

Da fuhr der Straßenfeger fort, zu fegen und sagte mit einem Lächeln: „Ich bedaure dich auch."

Sand, 50

4. Vom Geben und Nehmen

Ihr gebt nur wenig, so ihr von eurem Besitze gebet. Erst so ihr von euch selber gebet, gebt ihr wahrhaftig ...

Es sind derer, die wenig geben von dem vielen, was sie haben – und sie geben es um der Anerkennung willen und ihr verborgenes Begehren verdirbt ihre Gaben.

Und es sind derer, die wenig haben und alles geben,

Und dies sind jene, die da glauben an das Leben und des Lebens Spenden, und ihr Kasten ist nie leer.

Es sind derer, die mit Freuden geben, und jene Freude ist ihr Lohn.

Und es sind derer, die mit Schmerzen geben, und jener Schmerz ist ihre Taufe.

Und es sind derer, die geben und keinen Schmerz beim Geben kennen, weder Freude dabei suchen, noch im Bewußtsein der Tugend schenken.

Sie geben, wie drüben im Tale der Myrte ihren Duft in das All haucht.

Durch die Hände solcher Menschen redet Gott, und aus ihren Augen strahlt Sein Lächeln auf Erden.

Es ist gut zu geben, auf eine Bitte hin, doch besser ist es, ungebeten zu geben, aus Verständnis für des andren Not.

Gibt es denn irgend etwas, das ihr behalten werdet?

Alles, was ihr habt, wird eines Tages verschenkt werden;

Darum gebet nun, auf daß die Zeit des Schenkens euch gehöre, und nicht euren Erben.

Bisweilen saget ihr: „Ich gäbe gerne, doch nur denen, die es verdienen."

Die Obstbäume eures Gartens reden nicht also, noch die Herden eurer Weiden.

Sie geben, auf daß sie leben dürfen, denn zurückhalten heißt verderben.

Fürwahr, es ist das Leben, das dem Leben gibt

– derweil ihr, die ihr euch als Geber dünket,
nur Zeugen seid.

Und ihr, Empfangende – und ihr seid alle
Empfangende – belastet euch nicht mit dem Gewicht des Dankes, auf daß ihr kein Joch bürdet
auf euch und auf den Gebenden.

Erhebt euch lieber gemeinsam mit dem Geber
auf seinen Gaben, als seien es Schwingen;

Denn sich seiner Schuld zu sehr bewußt zu
sein, wäre ein Bezweifeln seiner Wohltaten, deren Mutter die freigiebige Erde und deren Vater
Gott ist. Prophet, 17 f

Es ist in der Tat bedauerlich, wenn ich eine
leere Hand den Menschen entgegenstrecke und
nichts empfange; aber es ist hoffnungslos, wenn
ich eine volle Hand ausstrecke und niemanden
finde, der nimmt. Sand, 62

Geht auf eure Felder und in eure Gärten, und
ihr werdet erkennen, daß es die Lust der Biene
ist, den Honig der Blume zu sammeln.

Doch es ist auch die Lust der Blume, ihren Honig der Biene zu gewähren.

Denn der Biene ist die Blume ein Quell des Lebens, und der Blume ist die Biene eine Botin der Liebe.

Und für beide, Biene und Blume, ist das Geben und Empfangen der Lust eine Not und Verzückung.   Prophet, 54

Diejenigen, die dir eine Schlange geben, wenn du um einen Fisch bittest, haben vielleicht nur Schlangen, um sie dir zu geben. Ihrerseits ist es dann Großzügigkeit.   Sand, 30

Ihr seid gut, so ihr danach strebet, euch selber zu geben. Denn so ihr nach Gewinn strebet, seid ihr nur eine Wurzel, die sich an die Erde klammert und an ihrer Brust saugt.

Wahrlich, die Frucht kann nicht zur Wurzel sprechen: „Sei wie ich, reif und voll und stets aus deiner Fülle gebend."

Denn das Geben ist der Frucht eine Notwendigkeit, wie das Empfangen für die Wurzel eine Notwendigkeit bedeutet. Prophet, 48

5. Vom Nächsten

Trefft ihr einen Freund am Wegesrand oder auf dem Marktplatze, so möge der Geist in euch eure Lippen rühren und eure Zunge lenken.

Möge die Stimme im Innern eurer Stimme zum Ohr seines Ohres reden! Prophet, 46

Du schuldest demjenigen, der dir dient, mehr als Gold. Schenke ihm dein Herz oder diene ihm. Sand, 18

Wenn der andere Mensch über dich lacht, kannst du ihn bedauern; aber wenn du über ihn lachst, solltest du dir niemals selbst vergeben.

Wenn dich der andere Mensch kränkt, magst du das Unrecht vergessen; aber wenn du ihn kränkst, wirst du dich immer erinnern.

In Wirklichkeit ist der andere Mensch dein empfindliches Selbst in einem anderen Körper.

Sand, 38

Die Wirklichkeit eines anderen Menschen liegt nicht darin, was er dir offenbart, sondern in dem, was er dir nicht offenbaren kann.

Wenn du ihn daher verstehen willst, höre nicht auf das, was er sagt, sondern vielmehr auf das, was er verschweigt. Sand, 15

Ich liebe dich, mein Bruder, wer immer du auch seiest – ob du in einer Kirche betest, in einem Tempel kniest oder in einer Moschee Gott verehrst. Du und ich, wir sind beide Kinder eines Glaubens. Die mannigfaltigen Pfade der Religion entsprechen den Fingern der einen liebenden Hand des einen höchsten Wesens. Diese Hand streckt sich nach allen aus, bietet allen die Vollendung des Geistes an und ist begierig, alle zu umschließen. Ideen, 14 f

Wenn du deinen Freund nicht bedingungslos verstehst, wirst du ihn niemals verstehen. Sand, 26

Mein Freud, du und ich werden Fremde für das Leben bleiben, füreinander und jeder für sich selbst, bis zu dem Tag, an dem du reden wirst und ich hören werde, deine Stimme für meine eigene haltend; und wenn ich vor dir stehen werde in der Meinung, ich selbst stünde vor einem Spiegel.   Sand, 48

In Wahrheit bist du keinem Menschen etwas schuldig. Du schuldest allen Menschen alles.

Sand, 51

Wir klettern alle auf den Gipfel unseres Herzenswunsches zu. Würde der andere Kletterer deine Wegzehrung und deine Geldbörse stehlen und würde fett von dem einen und schwer von dem anderen, solltest du ihn bedauern.

Das Klettern wird schwerer für seinen Körper sein, und die Last wird seinen Weg verlängern. Und solltest du in deiner Magerkeit sehen, wie sein Körper keucht, hilf ihm einen Schritt; es wird deine Schnelligkeit erhöhen.   Sand, 40

Liebe gibt nichts als sich selber und nimmt nichts als aus sich selbst heraus.

Liebe besitzet nicht und läßt sich nicht besitzen.

Denn Liebe genügt der Liebe ...
Und denke nicht, du könntest der Liebe Lauf lenken; denn Liebe, so sie dich würdig schätzt, lenkt *deinen* Lauf.   Prophet, 14

Und jedes Werk ist leer, worin keine Liebe ist.

Doch schaffet ihr mit Liebe, so bindet ihr euch an euch selber, und aneinander, und an Gott.

Und was heißt mit Liebe schaffen?

Es heißt das Tuch weben mit Fäden, gezogen aus eurem Herzen, als solle eure Geliebte das Tuch tragen.

Es heißt ein Haus bauen mit Leidenschaft, als solle eure Geliebte darin wohnen.

Es heißt Samen säen mit Sorgfalt und ernten mit Freude, als solle eure Geliebte die Frucht verzehren.

Es bedeutet, alle Dinge, die ihr schaffet, mit dem Atem eures Geistes zu füllen,

In dem Wissen, daß alle Seligen um euch stehen und Wache halten.

Prophet, 23

Die begrenzte Liebe sucht den Besitz des anderen, doch die grenzenlose Liebe verlangt nichts anderes als zu lieben. Die Liebe, die mit dem Erwachen der Jugend und ihrer Sorglosigkeit anbricht, begnügt sich mit der Begegnung, sie läßt sich durch die Vereinigung der Liebenden zufriedenstellen und entfaltet sich in der Umarmung; die Liebe hingegen, die im Schoß der Unendlichkeit geboren wurde und mit den Geheimnissen der Nacht herabsteigt, begnügt sich mit nichts außer der Unsterblichkeit, und vor nichts anderem erhebt sie sich ehrfürchtig als vor Gott.

Flügel, 96

Wie töricht sind die Menschen, die glauben, daß die Liebe die Frucht eines langen Zusammenseins ist und aus ständiger Gemeinsamkeit hervorgeht. Die Liebe ist vielmehr eine Tochter

36

des geistigen Einverständnisses, und wenn dieses Einverständnis nicht in einem einzigen Augenblick entsteht, so wird es weder in Jahren noch in Jahrhunderten entstehen.   Flügel, 39

Die Schönheit ist das vollkommene Einverständnis zwischen Mann und Frau, das sich in einem Augenblick ereignet; in einer einzigen Sekunde kann dieses Gefühl entstehen, das alle Gefühle überragt. Und dieses geistige Gefühl ist es, das wir Liebe nennen.   Flügel, 24

Liebe, die nicht immer wieder neu entsteht, stirbt ständig.   Sand, 58

Wenn du besitzen willst, darfst du nicht beanspruchen.

Wenn die Hand eines Mannes die Hand einer Frau berührt, berühren sie beide das Herz der Ewigkeit.   Sand, 24

Die Ehe ist die Vereinigung zweier göttlicher Funken, auf daß ein dritter auf Erden geboren werde. Sie ist die Vereinigung zweier Seelen in mächtiger Liebe, auf daß das Getrenntsein vergehe. Die Ehe ist jene höhere Form der Vereinigung, die zwei getrennte Einheiten eins werden läßt, in einem Geist. Sie gleicht dem goldenen Glied in einer Kette, die mit einem Blick ihren Anfang nahm und deren Ende die Ewigkeit ist. Sie ist wie der reine Regen, der von einem makellosen Himmel fällt, um das Feld der göttlichen Natur zu befruchten und zu segnen.

Ideen, 60

Liebende umarmen das, was zwischen ihnen liegt, eher als einander. Sand, 25

Die Kraft zu lieben ist Gottes größtes Geschenk an den Menschen, denn niemals wird es dem Gesegneten, der liebt, genommen werden.

Ideen, 56

Ja, es gibt ein Nirvanah; du spürst es, wenn du dein Schaf zu einer grünen Weide führst, dein Kind zu Bett bringst und die letzte Zeile deines Gedichtes schreibst.

Sand, 53

Wer unter euch fühlte nicht, daß die Macht der Liebe grenzenlos ist?

Und dennoch, wer fühlt nicht, daß diese Liebe, die Unbegrenzte, im Kern seines Wesens eingeschlossen ruht und nicht von einem Liebesgedanken zum andern, noch von einer Liebestat zur andern irret?

Und ist nicht Zeit, der Liebe gleich, ungeteilt und raumlos?

Prophet, 47

Liebe ist ein Wort des Lichtes, geschrieben von einer Hand des Lichtes, auf einer Seite des Lichtes.

Sand, 25

Gestern stand ich am Tempeltor und befragte die Vorbeieilenden über Geheimnis und Sinn der Liebe.

Vor meinen Augen wanderte ein alter Mann vorbei, sein Gesicht war abgezehrt und voll Melancholie. Er seufzte vor sich hin und sagte:

„Die Liebe ist eine Schwäche der Natur, die seit Adam und Eva von Geschlecht zu Geschlecht weitergegeben wurde."

Ein kräftiger Jüngling erwiderte:

„Die Liebe verbindet die Gegenwart mit Vergangenheit und Zukunft."

Dann kam eine Frau, ihr Gesicht hatte einen tragischen Ausdruck; mit schmerzerfüllter Stimme sagte sie:

„Die Liebe ist ein tödliches Gift, das uns von schwarzen Vipern, die aus den Abgründen der Hölle hervorkriechen, eingeimpft wird. Das Gift scheint frisch zu sein wie der Tau am hellen Morgen, und die durstige Seele trinkt es gierig. Aber schon nach dem ersten Schluck ist der Mensch vergiftet, er erkrankt und stirbt eines langsamen Todes."

Dann erschien ein schönes, rotwangiges junges Mädchen, und sie sagte lächelnd:

„Die Liebe gleicht dem Wein, der von den Bräuten der Morgendämmerung kredenzt wird, er macht starke Seelen noch stärker und befähigt sie, zu den Sternen emporzusteigen."

Nach ihr sprach ein bärtiger, schwarz gekleideter Mann, der finster dreinsah:

„Liebe ist die blinde Unwissenheit, mit der die Jugend beginnt und endet."

Ein anderer erklärte lächelnd:

„Die Liebe ist ein göttliches Wissen, das es dem Menschen ermöglicht, ebensoviel wahrzunehmen wie die Götter."

Hierauf sprach ein blinder Mann, der sich den Weg mit einem Stock ertastete:

„Die Liebe ist ein Nebel, der uns die Sicht nimmt. Sie verhindert, daß die Seele das Geheimnis der Existenz erkennt, so daß das Herz nur zitternde Schattenbilder des Verlangens inmitten von Hügeln wahrnimmt und nur das Echo von Schreien hört, die aus stimmlosen Tälern kommen."

Ein schwacher Greis, der seine Füße wie zwei Lumpen einherschleppte, sagte mit bebender Stimme:

„Liebe gleicht dem Ruhen des Leibes in der Stille des Grabes, der Gelassenheit der Seele in der Tiefe der Ewigkeit."

Nach ihm sagte lachend ein fünfjähriges Kind:

„Mein Vater und meine Mutter sind die Liebe, und außer ihnen weiß niemand, was Liebe ist."

In dieser Art sprachen alle, die vorbeigingen, von der Liebe als dem Inbegriff ihrer Hoffnungen und Enttäuschungen. Die Liebe aber blieb das Geheimnis, das sie immer gewesen ist.

Ideen, 57 f

II
Liebe ist die einzige Freiheit in der Welt!

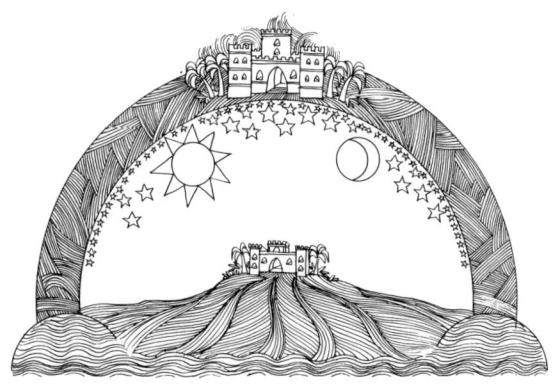

Nur auf dem Pfad der Nacht erreicht man die Morgenröte.

Sand, 11

Und ist es ein Tyrann, den ihr entthronen möchtet, so trachtet erst danach, seinen Thron zu zerstören, den ihr ihm in eurer Brust errichtet.

Denn wie vermöchte ein Tyrann die Freien und Stolzen zu beherrschen, so nicht Tyrannei in ihrer eignen Freiheit und Schande in ihrem eignen Stolze schlummerten? Prophet, 38

Ich hörte den Bach klagen wie eine Witwe, die ihr totes Kind beweint, und ich fragte: „Warum weinst du, mein reines Bächlein?"

Der Bach gab zur Antwort: „Weil ich in die Stadt gehen muß, wo die Menschen mich besudeln und mich verachten, weil sie stärkere Getränke vorziehen. Sie mißbrauchen mich als Straßenkehrer für ihren Abfall, beschmutzen meine Reinheit und verwandeln meine Qualität in Unrat."

Ich hörte, wie die Vögel trauerten, und ich fragte: „Schöne Vögel, warum weint ihr?" Ein Vogel flog nahe zu mir heran, setzte sich auf eine Zweigspitze und sprach: „Bald werden Adams Kinder auf dieses Feld kommen, und sie werden ihre tödlichen Waffen mitbringen und gegen uns einen Krieg beginnen, als ob wir ihre Todfeinde wären. Wir sind dabei, uns voneinander zu verabschieden, denn wir wissen nicht, wer von uns dem Zorn der Menschen entgehen wird. Der Tod folgt uns, wohin wir auch gehen."

In diesem Augenblick ging die Sonne über den Bergen auf und vergoldete die Wipfel der Bäume mit ihren Strahlen. Ich betrachtete all diese Schönheit und fragte mich: „Warum muß der Mensch zerstören, was die Natur hervorgebracht hat?"
Ideen, 67

Für die Natur sind alle lebendig und alle frei. Der irdische Ruhm der Menschen ist wie ein leerer Traum, der dahingeht wie Wellen in einem felsigen Bach.
Ideen, 67

Was ist das für eine Pflicht, die Liebende trennt und Frauen zu Witwen macht und Kinder zu

Waisen? Was ist das für eine Vaterlandsliebe, die Kriege hervorruft und Königreiche durch Kleinigkeiten zerstört?

Welcher Grund könnte mehr als nur geringfügig sein, wenn man ihn mit dem Wert eines Lebens vergleicht? Was ist das für eine Pflicht, die arme Dorfbewohner, die von den Starken und den Söhnen des Adels als Nichts angesehen werden, aufruft, für den Ruhm ihrer Unterdrücker zu sterben?

Wenn die Pflicht den Frieden zwischen den Völkern zerstört und die Liebe zum Vaterland die Ruhe des menschlichen Lebens vertreibt, dann sollten wir sagen: „Friede sei mit der Pflicht und der Vaterlandsliebe." Geheimnisse, 34 f

Die Natur breitet ihre Arme für uns aus und lädt uns ein, uns an ihrer Schönheit zu erfreuen. Wir aber fürchten ihr Schweigen und eilen in die beengten Städte und drängen uns zusammen wie Schafe auf der Flucht vor dem wilden Wolf. Ideen, 67

2. Von der Zeit

Denn Müßigsein heißt den Jahreszeiten fremd werden und austreten aus dem Kreislauf des Lebens, das in Würde und stolzer Ergebung der Unendlichkeit entgegenschreitet.

So ihr schaffet, seid ihr eine Flöte, durch deren Seele das Geflüster der Stunden zu Musik wird.

Prophet, 22

Nur die Vergangenheit zu verbessern ist noch kein Fortschritt; wahrer Fortschritt heißt, sich mutig in Richtung Zukunft zu bewegen. Ideen, 80

Die Stadtbewohner mißbrauchen den Wein der Zeit.

Sie betrachten ihn als etwas Gegebenes und trinken ihn leichtfertig und ohne zu denken.

Dann fliehen sie und jagen dem Alter entgegen, voll tiefen Kummers und ohne etwas begriffen zu haben.

Ideen, 100

Mein Haus sagte zu mir: „Verlaß mich nicht, denn hier wohnt deine Vergangenheit."

Und die Straße sagte zu mir: „Komm und folge mir, denn ich bin deine Zukunft."

Und ich sage zu beiden, zu meinem Haus und zu der Straße: „Ich habe weder Vergangenheit, noch habe ich Zukunft. Wenn ich hier bleibe, ist ein Gehen in meinem Verweilen; und wenn ich gehe, ist ein Verweilen in meinem Gang. Nur Liebe und Tod ändern die Dinge." Sand, 11

Wenn du das Ende von dem erreichst, was du wissen solltest, stehst du am Anfang dessen, was du fühlen solltest. Sand, 46

Wir leihen oft von unserer Zukunft, um die Schulden unserer Vergangenheit zu zahlen.

Sand, 29

Wir alle suchen den Gipfel des heiligen Berges, aber wäre unser Weg nicht kürzer, wenn wir die Vergangenheit für eine Karte und nicht für einen Führer hielten? Sand, 45

Das Alter ist der Schnee der Erde. Durch Licht und Wahrheit muß es den unterirdischen Samen Wärme geben und sie beschützen, bis der Nisan kommt und das keimende, reine, junge Leben mit neuem Erwachen erfüllt.

Wir gehen zu langsam dem Erwachen des Geistes entgegen; und doch ist nur diese Sphäre, endlos wie das Firmament, ein Begreifen der Schönheit des Seins durch unsere Liebe zu dieser Schönheit.

Geheimnisse, 64 f.

3. Von der Ewigkeit

Aus der Zeit wollt ihr einen Strom machen, an dessen Ufern ihr euch niederlasset, um ihn im Vorbeifließen zu überwachen.

Doch das Zeitlose in euch weiß um die Zeitlosigkeit des Lebens,

Und es weiß, daß Gestern nur die Erinnerung an Heute ist, und Morgen nur der Traum von Heute,

Und daß, was in euch singt und sinnt, immer noch verweilet in den Grenzen jenes ersten Augenblickes, der die Gestirne in den Raum gestreut.

Prophet, 47

Immer wandere ich auf diesen Stränden,
zwischen Sand und Schaum.
Die Flut wird meine Fußstapfen auslöschen
und der Wind den Schaum fortblasen.
Aber das Meer und der Strand werden übrigblei-
ben. Ewig.   Sand, 5

Wer die Morgendämmerung in seinen Träumen umarmt, ist unsterblich! Wenn er aber die
ganze lange Nacht durchschläft, wird er in einem Meer des Schlummers aufgehen.   Ideen, 45

Worte sind zeitlos. Du solltest sie aussprechen
oder niederschreiben mit dem Wissen um ihre
Zeitlosigkeit.   Sand, 20

Für den Sohn der Erde ist der Tod auf Erden das
Ende. Für ein Kind des Geistes aber ist der Tod
nur der Beginn eines sicheren Triumphes.

                                           Ideen, 45

Wäre mein sehnsüchtigstes Verlangen nicht auf Unsterblichkeit gerichtet, ich hätte nie das Lied erlernt, das durch die Zeiten tönt.   Ideen, 45

Wenn dir ein Narr erzählt, daß die Seele mit dem Körper zusammen vergeht und daß, was einmal tot ist, niemals wiederkommt, so sage ihm: Die Blume geht zugrunde, aber der Same bleibt zurück und liegt vor uns, geheimnisvoll, wie die Ewigkeit des Lebens.   Ideen, 46

4. Vom Leben und vom Tode

Ihr möchtet wissen um das Geheimnis des Todes.

Doch wie solltet ihr es entdecken, so ihr nicht danach forschet im Herzen des Lebens? ...

So ihr wahrhaftig den Geist des Todes erschauen wollet, öffnet weit euer Herz dem Leibe des Lebens.

Denn Leben und Tod sind eins, so wie Fluß und Meer eins sind ...

Und was ist Sterben anderes, als nackt im

Wind zu stehen und sich in der Sonne aufzulösen?

Und was heißt, nicht mehr zu atmen, anderes, als den Atem zu befreien vom rastlosen Lauf, damit er ungehemmt aufsteige und sich entfalte – zu Gott hin?

Erst wenn ihr aus dem Fluß des Schweigens getrunken habt, werdet ihr wahrhaft singen.

Und erst wenn ihr den Gipfel des Berges erklommen habt, werdet ihr zu steigen beginnen.

Prophet, 59 f

Das Leben und alles, was lebt, wird empfangen im Nebel, nicht im Kristall.

Und wer weiß? Vielleicht ist der Kristall nichts anders als Nebel in Verwesung.   Prophet, 69

Der Mensch strebt danach, das Leben außerhalb seiner selbst zu finden, und begreift nicht, daß das Gesuchte in ihm selber liegt.   Ideen, 61

Die Wirklichkeit des Lebens ist das Leben selbst, das weder im Mutterleib beginnt noch im Grab endet. Die Jahre, die vergehen, sind nur ein Augenblick im Angesicht der Ewigkeit. Die Welt der Materie und alles, was zu ihr gehört, ist nur ein Traum im Vergleich zu dem Erwachen, das wir den Schrecken des Todes nennen.

Ideen, 21

Wenn du alle Geheimnisse des Lebens gelöst hast, sehnst du dich nach dem Tod, denn er ist nur ein anderes Geheimnis des Lebens.

Geburt und Tod sind die beiden edelsten Ausdrücke für Tapferkeit.

Sand, 48

Die Seele ist wie ein Embryo im Körper des Menschen:

Der Tag des Todes ist der Tag ihres Erwachens.

Dann beginnt ihre große Zeit der Wehen, ihre Stunde der Schöpfung.

Ideen, 21

Möglicherweise ist ein Begräbnis unter Menschen ein Hochzeitsfest unter Engeln. Sand, 42

Sturm und Schnee vernichten wohl die Blumen, aber ihre Samen können sie nicht töten.

Rebellische Geister, 76

5. Von der Freiheit

Frei seid ihr wahrlich nicht, so eure Tage frei sind von Sorge und eure Nächte von Kummer.

Vielmehr so diese beiden euer Leben umringen und ihr euch dennoch darüber erhebt, nackt und ungebunden. Prophet, 37

Und ist es eine Sorge, die ihr abwerfen möchtet, so ward diese Sorge eher von euch selbst gewählet als euch auferlegt.

Und ist es eine Angst, die ihr vertreiben möchtet, so liegt der Sitz dieser Angst in eurem Herzen und nicht in der Hand des Gefürchteten.

Wahrlich, alles webt in eurem Wesen in steter Verkettung, was ihr wünscht und fürchtet, was euch widerstrebt und anzieht, was ihr erstreben und meiden möchtet.

All dies bewegt sich in euch wie Licht und Schatten, paarweise verbunden.

Und verblasset der Schatten und ist nicht mehr, so wird das zaudernde Licht zum Schatten eines anderen Lichtes.

Und so wird eure Freiheit, sobald sie ihre Fesseln sprengt, selber zur Fessel einer größeren Freiheit.   Prophet, 38

Man hat mir gesagt: wenn du einen schlafenden Sklaven findest, so wecke ihn nicht auf, er träumt vielleicht von der Freiheit.

Ich aber gab zur Antwort: wenn du einen schlafenden Sklaven siehst, so wecke ihn und erkläre ihm, was Freiheit ist.   Ideen, 88

Nur ein Idiot und ein Genie brechen die von Menschen geschaffenen Gesetze; sie sind dem Herzen Gottes am nächsten.   Sand, 32

Welcher Mann ist imstande, ein Haus zu verlassen, an dem er ein ganzes Leben lang gebaut hat, selbst, wenn dieses Haus sein eigenes Gefängnis ist? Es ist schwer, solch ein Haus in einem Tag loszuwerden.

Ideen, 25

Du fragst mich, wie ich zum Narren wurde? Das geschah so: Eines Tages, lange bevor die vielen Götter geboren waren, erwachte ich aus einem tiefen Schlaf und gewahrte, daß meine Masken gestohlen worden waren – die sieben Masken, welche ich in sieben Leben verfertigt und getragen hatte. – Unmaskiert rannte ich durch die vollen Straßen und schrie. „Diebe, Diebe, die verdammten Diebe!"

Männer und Frauen lachten. Einige liefen aus Angst vor mir in ihre Häuser.

Als ich zum Marktplatz kam, rief ein Junge von einem Hausdach: „Er ist ein Narr!" Ich blickte empor, um ihn zu sehen: da küßte die Sonne erstmals mein bloßes Antlitz. Zum ersten Mal küßte sie mein bloßes Antlitz, und meine Seele entflammte in Liebe zu ihr, und ich wünschte mir keine Masken mehr. Wie in

Trance rief ich: „Segen, Segen über die Diebe, die meine Masken gestohlen!"

So wurde ich zum Narren.

Und in meiner Narrheit fand ich Freiheit und Sicherheit: die Freiheit der Einsamkeit und die Sicherheit vor dem Verstandenwerden. Denn diejenigen, welche uns verstehen, versklaven etwas in uns.

Aber ich will nicht zu stolz sein auf meine Sicherheit. Denn auch ein Dieb ist im Kerker sicher vor einem anderen Dieb. Narr, 7

Die Freiheit ladet uns zu Tisch, damit wir ihre schmackhaften Gerichte und den guten Wein genießen können. Wir aber nehmen Platz an ihrem Tisch und geben uns Fraß und Völlerei hin.

Ideen, 31

Leben ohne Freiheit ist wie ein Körper ohne Seele, und Freiheit ohne Gedanken ist wie ein verwirrter Geist ... Leben, Freiheit und Gedanken sind drei verschiedene Dinge und zugleich

doch nur eines. Sie sind ewig und werden niemals sterben. Ideen, 31

Alles auf Erden lebt entsprechend den Gesetzen der Natur, aus denen die glanzvolle Freude
der Freiheit entspringt. Der Mensch aber ist dieses Glückes beraubt, denn er selbst schuf für die
Seele, die von Gott kommt, ein einengendes ir-
disches Gesetz. Das strenge Gesetz, nachdem er
lebt, gab er sich selbst. Von seiner Hand stammt
das enge, gramerfüllte Gefängnis, in dem er
seine Zuneigungen und Wünsche verschließt.
Er schaufelte ein tiefes Grab und begrub darin
sein Herz und dessen Absichten. Wenn ein ein-
zelner Mensch, dem Befehl seiner Seele folgend,
erklärt, daß er sich aus der Gesellschaft zurück-
zieht und er dadurch das Gesetz verletzt, so
werden seine Mitmenschen sagen: er ist ein Re-
bell und verdient das Exil. Oder aber sie werden
ihn einen niederträchtigen Menschen nennen,
den man hinrichten sollte. Wird der Mensch
wirklich ein Sklave seiner eigenen Beschrän-
kung bleiben bis ans End der Welt? Oder wird
er durch die Zeitläufte befreit werden und ler-

nen, im Geist für den Geist zu leben? Wird der Mensch wirklich darauf bestehen, nach unten zu sehen und immer wieder auf den Boden zu starren? Oder wird er endlich seinen Blick der Sonne zuwenden und aufhören, seinen eigenen Schatten unter all den Dornen und Gebeinen zu betrachten?

Ideen, 55

III
Wahrlich,
ihr gleichet einem Weltmeere!

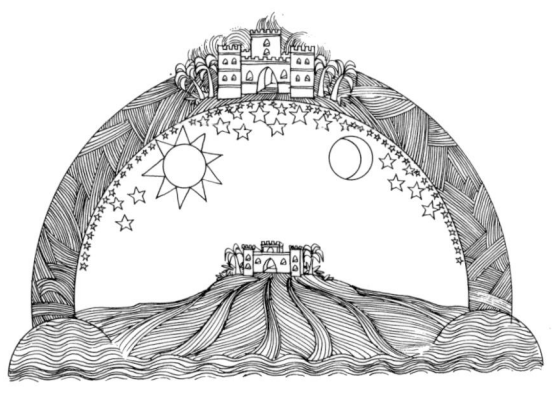

Fünf Jahre vergingen nach Salmas Hochzeit, ohne daß sie ein Kind zur Welt brachte, dessen Existenz eine Gemeinsamkeit für sie und ihren Gemahl bedeutet und neue Bande zwischen ihnen geknüpft hätte, ein Kind, das ihre beiden Seelen, die sich einander fremd waren, durch ein Lächeln vereint hätte, so wie das Morgenrot das Ende der Nacht und den Anbruch des Tages zusammenfügt.

Flügel, 102

Euer Ich ist nicht eingekerkert in eurem Leibe, noch ist es beschränkt auf eure Häuser und Felder.

Euer wahres Selbst weilt über dem Berge und streift mit dem Winde.

Es ist nicht etwas, das in der Sonne kriecht, um sich zu wärmen, oder sich ein Loch wühlt im Dunkel, um sicher zu sein.

Es ist ein freies Wesen, ein Geist, der die Erde umspannt und sich im Weltall bewegt. Prophet, 68

Die Menschheit ist ein Fluß des Lichtes, der aus der Endlichkeit zur Unendlichkeit fließt.

Sand, 10

Und euer Leib ist die Harfe eurer Seele.

Prophet, 54

Alles, was unsterblich ist in euch, ist frei bei Tag und bei Nacht und kann nach dem Willen

des Allerhöchsten nicht eingeschlossen und gefangen sein. Ihr seid Sein Atem, welcher wie der
Wind weder gefaßt noch gefangen werden
kann.   Garten, 30 f.

Die verborgene Quelle muß unbedingt aus eurer Seele entspringen und murmelnd dem
Meere zufließen;

Denn der Schatz in eurem tiefsten Innern
möchte eurem Auge sichtbar werden.

Doch wieget nicht euren unbekannten Schatz
auf einer Waage;

Und erforschet nicht die Tiefe eures Wissens
mit dem Meßstock oder der Lotschnur.

Denn das Ich ist ein Meer ohne Maß und
Grenzen.   Prophet, 42

Der Tautropfen, der eine Perle bildet im Kelch
der Lilie, ist wie ihr, wenn ihr eure Seele in Gottes Herz legt.   Garten, 39

Es ward euch versichert, ihr seiet – einer Kette gleich – so schwach wie euer schwächstes Gied.

Dies ist nur die halbe Wahrheit: Ihr seid auch so stark wie euer stärkstes Glied.

Euch nach eurer geringsten Tat zu bemessen, hieße, die Gewalt des Weltmeeres nach der Zerbrechlichkeit seines Schaumes zu berechnen.

Euch nach euren Fehltritten zu beurteilen, hieße, den Jahreszeiten ihre Unbeständigkeit vorzuwerfen.   Prophet, 64

Eine Perle ist ein Tempel, mit Schmerz um ein Sandkorn erbaut.

Welches Verlangen bildete unsere Körper, und um welche Körner?   Sand, 8

Meine Seele hat mir gepredigt und hat mir gezeigt, daß ich nicht mehr bin als ein Zwerg, aber auch nicht weniger als ein Riese.

Bevor meine Seele zu mir sprach, betrachtete ich die Menschheit wie zwei Wesen: Die einen waren schwach, und ich bemitleidete sie. Die anderen waren stark, und entweder folgte ich ihnen oder ich leistete ihnen trotzig Widerstand.

Inzwischen habe ich gelernt, daß ich aus demselben Stoff gemacht bin wie beide Wesen. Ihr Ursprung ist auch mein Ursprung, ihr Gewissen ist mein Gewissen, ihr Streit ist mein Streit, und ihre Pilgerschaft ist auch die meine.

Wenn sie sündigen, bin auch ich ein Sünder. Wenn sie etwas erreichen, bin ich stolz darauf. Wenn sie aufsteigen, so werde ich mit ihnen erhöht. Und wenn sie träge sind, dann teile ich ihre Faulheit.   Ideen, 40

Nur wer dunkel ist während der Nacht, wird mit der Morgendämmerung erwachen, und nur wer mit den Wurzeln im Schnee schläft, wird den Frühling erreichen.

Ihr seid wie Wurzeln, und als Wurzeln seid ihr von einfacher Art; aber ihr habt die Weisheit der Erde. Und ihr schweigt, doch in euren Trieben tönt der Chor der vier Winde.

Ihr seid zerbrechlich und gestaltlos, jedoch der Ursprung riesiger Eichen und das vorgezeichnete Muster der Weiden, die gegen den Himmel ragen.   Garten, 50 f.

Der Mensch besteht aus zwei Teilen: einer wacht in der Dunkelheit, und der andere schläft im Licht.   Sand, 48

Khalil entgegnete ihr: Die Glaubenssätze und Lehren, die den Menschen unglücklich und ver- bittert machen, sind nichtig und wertlos. Es ist Pflicht des Menschen, glücklich zu sein auf die- ser Erde und die Pfade zum Glück zu lehren da, wo er Menschen begegnet. Derjenige, der das Himmelreich in diesem Leben nicht entdeckt, wird es auch im kommenden Leben nicht erfah- ren. Wir sind nicht als Verbannte und Verwor- fene in diese Welt gekommen, sondern als Kinder, die die Freuden und Schönheiten des Lebens kennenlernen und durch die Erkenntnis dieser Geheimnisse den ewigen Schöpfer anbe- ten sollen. Das ist die Wahrheit, die ich ent- deckte, als ich die Lehren Jesu des Nazareners las, und das ist das Licht, das seine Worte in meinem Innern bewirkten.   Rebellische Geister, 70

2. Vom Geiste

Weise sind zu euch gekommen, um euch von ihrer Weisheit zu geben. Ich kam, um von eurer Weisheit zu nehmen.

Und sehet, ich habe gefunden, was größer ist als Weisheit: Es ist der Geist einer Flamme in euch, die immer mehr aus sich herauswächst, derweilen ihr – dieser Entfaltung achtlos – das Dahinwelken eurer Tage bejammert. Prophet, 65

Nicht unsere sichtbare Welt ist die Heimat der Gedanken. Gedanken leben an einem anderen Ort, wo die Himmel nicht bedeckt sind von den Wolken der Sinnlichkeit. Unsere Vorstellungsgabe findet einen Weg ins Reich der Götter, auf daß der Mensch einen Blick dessen erhasche, was sein wird, wenn die Seele befreit ist von der stofflichen Welt. Ideen, 43

Es gibt einen Weg zwischen der Welt des Geistes und der Welt der Materie, und wir beschreiten ihn in unwissendem Schlummer. Der

Geist erreicht uns, und wir sind uns seiner Kraft nicht bewußt. Erst wenn wir zu uns selbst zurückkehren, bemerken wir, daß wir in unseren Händen Samen tragen, die sorgfältig in die Erde unseres täglichen Lebens gepflanzt werden sollen, auf daß sie die Früchte guter Taten und schöner Worte tragen. Wenn es den Pfad nicht gäbe, der zwischen uns und denen liegt, die uns vorangegangen sind – nicht ein Prophet oder Gelehrter wäre unter den Menschen erschienen.

Ideen, 94

Der Geist eines jeden Wesens offenbart sich in den Augen, im Gesichtsausdruck und in allen Bewegungen und Gesten. Unsere Erscheinung, unsere Worte und unsere Handlungen sind niemals größer als wir selbst. Denn der Körper ist das Haus unserer Seele, die Augen sind wie Fenster und die Worte wie Sendboten.

Ideen, 95

Alles, was in dieser Welt von Bedeutung ist, entsteht aus einem einzigen Gedanken oder aus einem einzigen Gefühl im Innern eines Menschen. Alles, was uns heute sichtbar erscheint von den Werken und Errungenschaften vergangener Jahrhunderte, war zuvor ein verborgener Gedanke im Gehirn eines Mannes oder ein tiefes Gefühl im Herzen einer Frau ...   Flügel, 35 f.

Gott hat deinem Geist Flügel verliehen, mit denen du aufsteigen kannst ins weite Firmament der Liebe und der Freiheit. Und du jammervolles Geschöpf stutzt diese Flügel mit eigener Hand und läßt zu, daß deine Seele wie ein Insekt am Boden dahinkriecht.   Ideen, 105

Denn der Gedanke ist ein Vogel des Weltraumes, der in einem Käfig von Worten seine Flügel wohl zu entfalten vermag, doch nicht fliegen kann.   Prophet, 45

3. Von der verborgenen Einheit

Und der Flieger war auch das Kriechende; denn als sich meine Flügel entfalteten in der Sonne, da kroch ihr Schatten, der Schildkröte gleich, auf dem Erdboden.   Prophet, 68

Alle Dinge leben, und sie leuchten vom Wissen des Tages und von der Erhabenheit der Nacht. Du und der Stein, ihr seid eins. Nur in den Schlägen eurer Herzen gibt es einen Unterschied. Dein Herz schlägt schneller, nicht wahr, mein Freund? Ohne Zweifel aber ist es nicht so ruhig. Der Rhythmus des Steins mag ein anderer sein, doch ich sage dir: Wenn du die Tiefen deiner Seele erkennst und die Höhen des Raumes erklimmst, wirst du nur eine Melodie vernehmen, und in ihr singt der Stein mit dem Stern in vollendetem Gleichklang.   Garten, 42

Solltest du wirklich deine Augen öffnen und sehen, du würdest dein Ebenbild in allen Bildern erblicken.

Und solltest du deine Ohren öffnen und hören, du würdest deine eigene Stimme in allen Stimmen hören.

Sand, 17

Wenn die Milchstraße nicht in mir wäre, wie sollte ich sie gesehen oder wie gekannt haben?

Sand, 43

Ich bin die Flamme, und ich bin der trockene Busch; ein Teil von mir verzehrt den anderen.

Sand, 45

Die gesamte Schöpfung existiert in dir, und alles, was in dir ist, existiert auch in der Schöpfung. Es gibt keine Grenze zwischen dir und einem Gegenstand, der dir ganz nahe ist, genauso wie es keine Entfernung zwischen dir und sehr weit entfernten Gegenständen gibt. Alle Dinge, die kleinsten und größten, die niedrigsten und höchsten, sind in dir vorhanden als ebenbürtig. Ein einziges Atom enthält alle Elemente der Erde. Eine einzige Bewegung des Geistes beinhaltet alle Gesetze des Lebens. In einem einzigen Tropfen Wasser findet man das Geheimnis des endlosen Ozeans. Eine einzige Erscheinungsform deiner selbst enthält alle Erscheinungsformen des Lebens überhaupt. Ideen, 70

Man sagte mir: „Solltest du dich selbst kennen, würdest du alle Menschen kennen."

Und ich sagte: „Nur wenn ich alle Menschen suche, werde ich mich selbst kennen." Sand, 49

Jeder Drachen bringt einen Sankt Georg zur Welt, der ihn erschlägt. Sand, 19

Doch von dem Menschen in euch möchte ich reden.

Denn er ist's – und nicht das Göttliche in euch, noch der Zwerg im Nebel – der Schuld und Sühne kennt.

Oft höre ich euch reden von einem, der Unrecht tat, als sei er nicht einer von euch, sondern ein Fremdling unter euch und ein Eindringling in eurer Welt.

Doch ich sage euch: Wie der Heilige und Gerechte nicht höher steigen kann als das Heiligste, das in jedem von euch wohnet,

Ebenso kann der Böse und Schwache nicht tiefer fallen, als das niedrigste, das in euch liegt.

Und wie ein einzeln Blatt nicht vergilbt ohne das stumme Wissen des ganzen Baumes,

So kann der Übeltäter kein Unrecht tun, ohne den verborgenen Willen von euch allen.

Wie im Festzuge wandelt ihr gemeinsam eurem göttlichen Ich entgegen.

Ihr seid der Weg und die Wanderer.

Und fällt einer von euch nieder, so fällt er für jene hinter ihm, als Warnung vor dem Stein, woran er gestrauchelt.

Wahrlich, er fällt sogar für jene vor ihm, die, wenn auch flinker und sicherer zu Fuße, dennoch versäumten, den Stein des Anstoßes aus dem Wege zu räumen. Prophet, 31 f.

Der Same, den die reife Dattel in ihrem Herzen birgt, umfaßt das Geheimnis der ganzen Palme vom Anbeginn der Schöpfung. Ideen, 85

So ihr meiner gedenket, vergesset nicht diese Worte:

Was am schwächsten und verworrensten scheint in euch, ist das stärkste und entscheidendste in euch.

Ist es nicht der schwache Atem, der den Bau eurer Knochen aufgerichtet und gehärtet?

Und ist es nicht ein Traum, dessen sich keiner mehr von euch entsinnt, der eure Stadt erbaute und alles formte, was darin ist? Prophet, 69

Es muß etwas seltsam Heiliges im Salz sein. Es ist in unseren Tränen und im Ozean. Sand, 60

4. Von Gott

Wenn du liebst, so sage nicht: „Gott ist in meinem Herzen", sag' lieber: „Ich bin in Gottes Herzen". Prophet, 14

Die meisten religiösen Menschen sprechen von Gott, als sei Er männlichen Geschlechtes. Für mich ist Er sowohl Mutter als auch Vater. Er ist beides, Vater und Mutter in einem. Die Frau ist die Mutter-Gottheit. Die Vater-Gottheit kann man mit dem Verstand oder mit der Vorstellungsgabe erreichen. Aber die Mutter-Gottheit kann nur mit dem Herzen erreicht werden – durch Liebe. Liebe ist der heilige Wein, der aus dem Herzen der Götter strömt und den sie in die Herzen der Menschen gießen. Ideen, 34 f.

Und so ihr Gott erkennen möchtet, werdet nicht darob zum Rätsellöser.

Blicket lieber um euch, und ihr werdet Ihn erschauen, wie Er mit euren Kindern spielt.

Und blicket in den Weltraum; und ihr werdet Ihn in den Wolken wandeln sehn, wie Er seine Arme recket im Blitze und herabwallet im Regen.

Ihr werdet Ihn erschauen, wie Er lächelt in den Blumen und dann emporsteigt und mit Seinen Händen winkt in den Bäumen. Prophet, 58

Wir sind alle Bettler am Tor des Tempels, und jeder von uns empfängt seinen Teil von der Freigebigkeit des Königs, wenn er den Tempel betritt und wenn er ihn verläßt.

Aber wir sind alle neidisch aufeinander, was eine andere Weise ist, den König herabzusetzen.

Sand, 28

Vielleicht kommen wir Ihm jedesmal ein wenig näher, wenn wir versuchen, ihn zu teilen, und herausfinden, daß er unteilbar ist. Aber ich behaupte, daß die Kunst, das Ziehen einer Linie zwischen dem Schönen und Häßlichen, der direkte Weg zu Gott ist. Reine Meditation ist ein anderer Weg. Sie führt zum Schweigen und zur Selbstbeschränkung. Schweigen ist wahrhafter und ausdrucksvoller als die Rede. Die Stunde wird kommen, da wir alle schweigen werden. Warum aber sollten wir uns einen Maulkorb umlegen, bevor diese Stunde geschlagen hat? Laotse sagte: Er verfiel in Schweigen, aber erst nachdem er der Welt den Kern seines Glaubens in Worten mitgeteilt hatte.

Ideen, 104 f.

5. Von der Frau

Frauen öffneten mir die Fenster meiner Augen und die Tore meiner Seele. Wären die Mutter, die Schwester, die Freundin nicht gewesen, ich hätte weiter geschlafen so wie jene, die mit ihrem Schnarchen nach der Ruhe der Welt suchen.

Schriftsteller und Poeten bemühen sich, die Wahrheit über die Frau zu begreifen. Und doch haben sie bis zu diesem Tag niemals ihr Herz verstanden, denn sie sehen sie durch einen Nebel der Begierde und nehmen nichts wahr außer dem Umriß ihres Körpers. Oder sie betrachten sie durch das Vergrößerungsglas der Bosheit und finden nichts außer Schwachheit und Unterwürfigkeit. Ideen, 108

Wahrlich, das Herz einer Frau ändern weder die Zeit noch die Jahreszeiten. Das Herz einer Frau kämpft, ohne aufzugeben. Es ist ein Feld, auf dem der Mann seine Schlachten austrägt; er entwurzelt seine Bäume, verbrennt seine Pflanzen und befleckt seine Felsen mit Blut; er pflanzt Knochen und Totenschädel in seine

Erde. Sie aber bleibt ruhig und zuversichtlich; der Frühling bleibt für sie ein Frühling und der Herbst ein Herbst!

Flügel, 55

Ein anderes Mal wies sie auf die beiden Bilder des Tempels und sagte: „Im Herzen dieses Felsens haben die Jahrhunderte Symbole eingraviert, die eine Kristallisation des Wesens der Frau darstellen, das sich zwischen Liebe und Trauer bewegt, zwischen Mitgefühl und Aufopferung, zwischen Astarte, die auf ihrem Thron sitzt, und Maria, die vor dem Kreuz steht. Der Mann kauft sich Ruhm, Größe und Ansehen, aber die Frau ist es, die den Preis zahlt."

Flügel, 87

Das Lied, das ruhig im Herzen einer Mutter liegt, singt auf den Lippen ihres Kindes.

Sand, 23

War die Liebe von Judas' Mutter für ihren Sohn geringer als die Liebe Marias zu Jesus?

Sand, 63

79

6. Von den Kindern

Eure Kinder sind nicht *eure* Kinder.

Es sind die Söhne und Töchter von des Lebens Verlangen nach sich selber.

Sie kommen durch euch, doch nicht *von* euch;

Und sind sie auch bei euch, so gehören sie euch doch nicht.

Ihr dürft ihnen eure Liebe geben, doch nicht eure Gedanken,

Denn sie haben ihre eignen Gedanken.

Ihr dürft ihren Leib behausen, doch nicht ihre Seele,

Denn ihre Seele wohnt im Hause von Morgen, das ihr nicht zu betreten vermöget, selbst nicht in euren Träumen.

Ihr dürft euch bestreben, ihnen gleich zu werden, doch suchet nicht, sie euch gleich zu machen.

Denn das Leben läuft nicht rückwärts, noch verweilet es beim Gestern.

Ihr seid die Bogen, von denen eure Kinder als lebende Pfeile entsandt werden.

Der Schütze sieht das Zeichen auf dem Pfade

der Unendlichkeit, und Er biegt euch mit Seiner Macht, auf daß Seine Pfeile schnell und weit fliegen.

Möge das Biegen in des Schützen Hand euch zur Freude gereichen;

Denn gleich wie Er den fliegenden Pfeil liebet, so liebt er auch den Bogen, der standhaft bleibt.   Prophet, 16 f.

Kein Licht gibt es, das heller leuchtet als die Strahlen, die von einem menschlichen Wesen ausgehen, das in der Dunkelheit des Mutterschoßes eingeschlossen ist.   Flügel, 104

Die Blumen des Feldes sind die Kinder der Zuneigung der Sonne und der Liebe der Natur. Die Kinder der Menschen sind die Blumen der Liebe und des Erbarmens.   Ideen, 29

Die Jugend ist ein schöner Traum, über dessen Pracht Bücher eine Wolke blinden Staubes streuen. Wird jemals der Tag anbrechen, an dem die Weisen die Freude des Wissens mit den Träumen der Jugend in Verbindung bringen? Wird jemals der Tag kommen, wenn die Natur zum Lehrer des Menschen wird, die Menschlichkeit zu seinem Buch und das Leben zu seiner Schule? Ideen, 109

Die Jugend besitzt Flügel, deren Federn die Poesie und deren Nerven die Phantasie sind. Von ihnen werden sie emporgehoben – über die Wolken hinweg; das Leben, das sie von dort aus betrachten, erscheint ihnen strahlend und in den Farben des Regenbogens schimmernd, und sie hören das Leben markige Heldenlieder anstimmen. Doch es dauert nicht lange, bis diese Flügel aus Poesie und Phantasie von heftigen Stürmen geknickt und zerrissen werden; ihre Träger stürzen hinab in die Welt der Realität; diese Welt ist ein sonderbarer Spiegel, in dem der Mensch sich selbst verkleinert und verzerrt sieht. Flügel, 22

IV

Euer Herz weiß im stillen um die Geheimnisse der Tage und Nächte

Am Grunde des Herzens eines jeden Winters liegt ein Frühlingsahnen, und hinter dem Schleier jeder Nacht verbirgt sich ein lächelnder Morgen.

Ideen, 97

Saget nicht: „Ich habe die Wahrheit gefunden",
sagt lieber: „Ich habe eine Wahrheit gefunden".

Saget nicht: „Ich habe den Pfad der Seele entdeckt", sagt lieber: „Ich habe die Seele getroffen,
auf meinem Pfade wandelnd".

Denn die Seele wandelt auf allen Pfaden.

Die Seele wandelt nicht auf einer Bahn, noch
wächst sie wie ein Schilfrohr.

Die Seele entfaltet sich gleich einer Lotos-
blume, aus Blütenblättern ohne Zahl.   Prophet, 42

Die Wahrheit kommt zu uns im unschuldigen
Lachen eines Kindes oder im Kuß der Geliebten.

Ideen, 103

Khalil erwiderte: Das wahre Licht ist das Licht,
das aus dem Innern der menschlichen Seele her-
vorbricht, das den anderen das Geheimnis seiner Seele offenbart und andere glücklich macht,
so daß sie singen im Namen des Geistes. Die
Wahrheit aber gleicht den Sternen: sie erscheint

nur auf dem dunklen Hintergrund der Nacht. Die Wahrheit ist wie alle schönen und guten Dinge in dieser Welt: ihre Wirkungen enthüllen sich nur dem, der die Unbarmherzigkeit der Falschheit und Verstellung gespürt hat. Die Wahrheit ist das verborgene Gefühl, das uns lehrt, uns zu erfreuen und die Freude mit allen Menschen zu teilen.   Rebellische Geister, 69

Gott hat viele Türen gemacht, die sich zur Wahrheit öffnen, und er tut sie allen auf, die mit den Händen des Glaubens daran klopfen.

Ideen, 28

Viele Lehren sind wie eine Fensterscheibe. Durch sie sehen wir die Wahrheit, aber sie trennt uns von der Wirklichkeit.   Sand, 17

Eine Wahrheit muß stets gegenwärtig sein, um manchmal geäußert zu werden.   Sand, 15

Ein Wahnsinniger ist nicht weniger ein Musiker als du und ich; nur das Instrument, auf dem er spielt, ist ein bißchen verstimmt.   Sand, 23

Wenn es darum geht, das Böse zu bekämpfen, ist Maßlosigkeit gut. Denn wer sich mäßigt, wenn er die Wahrheit verkünden soll, spricht nur die halbe Wahrheit. Er verbirgt die andere Hälfte aus Furcht vor dem Zorn der Menge.

Ideen, 29

Meine Seele und ich gingen an die große See, um zu baden. Als wir an die Küsten kamen, hielten wir Ausschau nach einem stillen und heimlichen Platz. Dabei stießen wir auf einen Mann, der auf einem grauen Felsen saß, Salz aus einem Sack nahm und es ins Meer warf.

„Das ist der Pessimist", sagte meine Seele, „laß uns den Ort verlassen. Hier können wir nicht baden." Wir wanderten weiter und kamen an eine Bucht, wo wir einen Mann sahen, der auf einem weißen Felsen stand und aus einer juwelenbesetzten Schatulle Zucker in die See warf.

„Das ist der Optimist", sagte meine Seele, „er soll unsere nackten Körper auch nicht sehen."

Wir wanderten weiter und sahen einen Mann, der am Strand tote Fische auflas und sie behutsam wieder in das Wasser tat.

„Vor diesem können wir auch nicht baden", sagte meine Seele, „das ist der humane Philanthrop."

Wir gingen weiter.

Dann sahen wir einen Mann, der seinem Schatten im Sand folgte. Große Wellen kamen und löschten den Schatten aus, aber der Mann folgte ihm weiter immer zu.

„Das ist der Mystiker", sagte meine Seele, „gehen wir weiter."

Wir gingen weiter, bis wir an einer stillen Bucht einen Menschen sahen, der den Schaum vom Wasser abschöpfte und in eine Alabasterschale tat.

„Das ist der Idealist", sagte meine Seele, „der darf unsere Nacktheit gewiß nicht sehen."

Wir gingen weiter. Plötzlich hörten wir eine Stimme: „Die See! Die unendlich gewaltige See!" – Als wir näher kamen, sahen wir einen Mann, der mit dem Rücken zur See dem Rauschen einer Muschel lauschte.

Meine Seele sagte: „Gehen wir weiter. Das ist der Realist, der dem Ganzen, das er nicht fassen kann, den Rücken kehrt und sich mit Stückwerk aufhält."

So gingen wir weiter. In einer felsigen Wildnis sahen wir einen Mann, der seinen Kopf in den Sand eingegraben hatte. Da sagte ich zu meiner Seele: „Hier können wir baden, der kann uns nicht sehen."

„Nein", sagte meine Seele, „das ist der übelste von allen, der Puritaner."

Da wurde meine Seele sehr traurig und sagte:

„Gehn wir fort von hier. Hier gibt es keinen stillen und heimlichen Platz, wo wir baden könnten. Dieser Wind soll nicht durch mein goldenes Haar und über meinen weißen Busen streichen, dies Licht soll nicht meine heilige Nacktheit entblößen."

So verließen wir die See, um nach der größeren See zu suchen. Narr, 35 ff

Schildkröten können mehr über die Straßen erzählen als Hasen.

Sand, 55

Wie unwissend sind jene, die mit einigen ihrer Sinne ein abstraktes Leben wahrnehmen, aber dennoch auf ihrem Zweifel bestehen, bis dieses Leben sich allen ihren Sinnen geoffenbart hat. Ist nicht der Glaube das Sinnesorgan des Herzens, genauso wie es das Sehvermögen fürs Auge ist? Wie begrenzt ist doch ein Mensch, der den Gesang einer Amsel vernimmt und sieht, wie sie über den Zweigen schwebt, aber das, was er mit seinen Augen gesehen und mit seinen Ohren gehört hat, so lange bezweifelt, bis er den Vogel mit seinen Händen berührt. War ein Teil seiner Sinne nicht genug? Wie seltsam ist doch ein Mensch, der wahrhaftig von einer schöneren Realität träumt und dann, wenn er es unternimmt, sie in eine Form zu gießen, und ihm dies nicht gelingt, seinen eigenen Traum in Frage stellt, die Realität mit Gotteslästerungen überhäuft und seinem eigenen Sinn für Schönheit mißtraut!

Ideen, 87

Sollte jemand eine Lüge erzählen, die weder dich noch jemand anderen verletzt, warum sagst du nicht in deinem Herzen, daß das Haus seiner Tatsachen zu klein ist für seine Vorstellungen und er es für größeren Raum verlassen muß? Sand, 59

2. Von der Schönheit

Wie solltet ihr Schönheit suchen und wo sie finden, wäre sie nicht selber euer Weg und euer Wegweiser? Prophet, 55

Gesichtszüge, welche die Geheimnisse unserer Seele enthüllen, verleihen einem Gesicht Schönheit und Anmut, selbst wenn diese seelischen Geheimnisse schmerzlich und leidvoll sind. Gesichter hingegen, die – Masken gleich – verschweigen, was in ihrem Innern vorgeht, entbehren jeglicher Schönheit, selbst wenn ihre äußeren Formen vollkommen symmetrisch und harmonisch sind. Ebenso wie Gläser unsere Lippen nur anziehen, wenn durch das kostbare Kristall die Farbe des Weins hindurchschimmert.

Flügel, 51

Was du für häßlich hältst, ist es nicht das, was du niemals versucht hast zu erreichen und dessen Sinn zu verstehen du niemals wünschtest?

Wenn es Häßliches gibt, so sind es die Schuppen auf unseren Augen und das Wachs, das unsere Ohren verstopft.

Mein Freund, nenne nichts häßlich außer der Furcht deiner Seele angesichts ihrer eigenen Erinnerungen.

Garten, 32 f

Sie sprach kein Wort, als wüßte sie, daß die Schönheit eine himmlische Sprache besitzt, die sich über die Laute erhebt, die von den Lippen geformt werden; es ist die ewige Sprache, die alle menschlichen Sprachen in sich vereint und sie zu einem tiefen, lautlosen Gefühl verschmilzt, so wie der stille See die munteren Lieder der Bäche und Flüsse an sich zieht und sie in seinen Tiefen in ewiges Schweigen verwandelt. Die Schönheit ist ein Geheimnis, das unser Geist versteht, an dem er sich erquickt und unter dessen Eindruck er sich entfaltet. Unser Denken versucht zögernd und tastend, die Schönheit zu bestimmen und in Worte zu fassen, ohne es jedoch zu vermögen. Dem Auge verborgen, befindet sie sich in den Schwingungen, die zwischen dem Gefühl des Betrachtenden und dem des Betrachteten strömen. Die wahre Schönheit manifestiert sich in den Strahlen, die aus dem Allerheiligsten der Seele dringen; ihr Leuchten bricht aus dem Innersten hervor, ebenso wie sich das Leben aus dem tiefsten Kern in Blumen und Blüten ergießt, denen es Farbe und Duft verleiht.　　　Flügel, 24

Eine Auster sprach zu ihrer Nachbarin: „Ich trage großen Schmerz in mir. Schwer ist er und rund, und ich habe große Not."

Die andere Auster antwortete mit überheblicher Selbstzufriedenheit: „Gelobt sei der Himmel und das Meer, denn ich habe keine Schmerzen. Es geht mir gut, innen und außen."

In diesem Augenblick kam ein Krebs vorbei

und hörte die beiden Austern. Darauf sagte er zu derjenigen, die innen wie außen unversehrt war: „Ja, dir geht es wohl gut; doch der Schmerz, den deine Nachbarin in sich trägt, ist eine Perle von hinreißender Schönheit."

Wanderer, 26

Schönheit scheint heller im Herzen dessen, der sich danach sehnt, als in den Augen dessen, der sie sieht.   Sand, 52

Schönheit und Häßlichkeit trafen sich eines Tages an der Küste des Meeres. Und sie sprachen zueinander: „Laß uns hinausschwimmen."

Sie legten ihre Kleider ab und badeten in den Fluten. Nach kurzer Zeit kam die Häßlichkeit zum Ufer zurück, zog sich das Gewand der Schönheit über und machte sich davon.

Und als die Schönheit dem Meer entstieg, da fand sie ihr Gewand nicht mehr und streifte sich die Kleidung der Häßlichkeit über. Und auch sie ging ihres Weges.

Seitdem werden beide von Männern wie von Frauen verwechselt.

Doch gibt es welche, die haben das Antlitz der Schönheit erblickt und erkennen sie – ungeachtet ihres Kleides; und andere gibt es, die das Gesicht der Häßlichkeit kennen, und auch ihr Gewand vermag nicht, es vor ihren Augen zu verbergen.   Wanderer, 9

3. Von der Weisheit

Niemand vermag euch etwas zu offenbaren, das nicht schon halbschlummernd im Dämmern eures Wissens ruht.

Der Lehrer, der im Schatten des Tempels wandelt, gibt seinem Gefolge eher von seinem Glauben und seiner Liebe als von seiner Weisheit.

Ist er wahrhaftig ein Weiser, so fordert er euch nicht auf, das Haus seiner Weisheit zu betreten; eher geleitet er euch zur Schwelle eures eigenen Geistes.   Prophet, 43

Ein Mensch, dessen Herz eingeengt und dessen Gedankenwelt beschränkt ist, wird geneigt sein, im Leben denjenigen Dingen den Vorzug zu geben, die ebenfalls begrenzt sind. Denn wer ein schwaches Augenlicht hat, sieht nicht mehr als eine Elle des Weges, der vor ihm liegt, und von der Mauer, an die er sich lehnt, nimmt er nur einen Fußbreit wahr.

Ideen, 59 f

Geringes Wissen, das tatkräftig angewendet wird, ist unendlich viel mehr wert als großes Wissen, das brach liegt.

Ideen, 7

Du siehst nur deinen Schatten, wenn du deinen Rücken zur Sonne drehst.

Sand, 27

Mit einer Weisheit, die keine Tränen kennt, mit einer Philosophie, die nicht zu lachen versteht, und einer Größe, die sich nicht vor Kindern verneigt, will ich nichts zu tun haben.

Ideen, 106

Höhere Eingebung will stets nur singen und niemals erklären. Sand, 21

Wir würden vor dem Glühwürmchen ebenso ehrfürchtig stehen wie vor der Sonne, wenn wir nicht an unsere Vorstellungen von Gewicht und Maß gebunden wären. Sand, 42

Sich verwirrt zu fühlen, ist der Anfang wahren Wissens. Ideen, 75

Wenn jemand beabsichtigt, ein Lehrer für die Menschheit zu werden, so sollte er bei sich selbst beginnen. Er sollte zuerst durch sein Beispiel lehren und dann erst durch sein Wort. Denn wer sich selbst erzieht und sich selbst zum Besseren verändert, verdient unsere Hochachtung und unseren Respekt mehr als jemand, der andere belehrt und zum Besseren bekehren will. Ideen, 99

Jeder große Mensch, den ich kannte, hatte etwas Kleines in seiner Aufmachung; und es war das kleine Etwas, das Untätigkeit, Wahnsinn oder Selbstmord verhütete.   Sand, 44

Sinn für Humor ist Sinn für ein Maß.   Sand, 15

Und derjenige, der die Engel und Teufel nicht gesehen hat in den Wundern und Widerwärtigkeiten des Lebens, dessen Herz bleibt ohne Erkenntnis und dessen Seele ohne Verständnis.

Flügel, 15

Was die Menschen ihr Wissen nennen, gleicht dem Nebel über den Feldern. Wenn die Sonne über dem Horizont heraufsteigt, wird der Nebel in ihren Strahlen vergehen.   Ideen, 77

Einst sagte ich zu einer Vogelscheuche: „Du stehst immer hier auf dem Feld. Du mußt es müde sein."

Sie antwortete mir: „Verscheuchen bringt tiefe und dauernde Freude, und ich ermüde nie."

Darauf sagte ich, nachdem ich's kurz bedacht: „So ist es, einst kannte ich diese Freude auch."

Sie erwiderte: „Nur wer mit Stroh gefüllt ist, kann sie kennen."

Da verließ ich sie. Ich wußte nicht, ob sie mir geschmeichelt oder mich verspottet hatte.

Ein Jahr verging. Währenddessen wurde die Vogelscheuche weise.

Als ich wieder dort vorüberkam, nisteten Krähen unter ihrem Hut.   Narr, 19

Vernunft und Leidenschaft sind das Ruder und die Segel eurer seefahrenden Seele.

Sind Segel oder Ruder gebrochen, so könnt ihr euch nur noch hin- und herwerfen und treiben lassen, oder auf offener See zum Stillstand gezwungen werden.

Denn Vernunft, wo sie allein waltet, ist eine einschränkende Kraft; und Leidenschaft ohne Wärter ist eine Flamme, die ihrer Selbstverzehrung entgegenbrennt.

Daher möge die Seele eure Vernunft zum Gipfel der Leidenschaft entflammen, auf daß sie singe;

Und möge sie eure Leidenschaft lenken mit Vernunft, auf daß diese Leidenschaft ihre tägliche Wiedergeburt erlebe und, dem Phönix gleich, aus eigener Asche auferstehe.

Ich wollte, ihr sähet in eurem Verstande und eurem Gelüst nichts anderes als zwei geliebte Gäste in eurem Hause.

Sicher würdet ihr nicht den einen Gast mehr ehren als den andren; denn wer dem einen mehr Achtung zollt, verliert die Liebe und das Vertrauen beider. Prophet, 39

Es ist der Verstand in uns, der sich den Gesetzen fügt, die wir gemacht haben, aber niemals der Geist in uns. Sand, 47

Ein Fuchs betrachtete bei Sonnenaufgang seinen Schatten und sprach: „Heute mittag will ich ein Kamel verschlingen." Den ganzen Morgen suchte er nach Kamelen. Am Mittag betrachtete er wiederum seinen Schatten und sprach: „Eine Maus wird auch genügen."

Narr, 19

4. Von den Geheimnissen

Doch ich sage euch, durch euer Wirken erfüllt ihr jenen Teil des fernsten Erdentraumes, der euch bei der Geburt dieses Traumes zugewiesen.

Prophet, 22

Nur die mit Geheimnissen in ihren Herzen können die Geheimnisse in unseren Herzen ahnen.

Sand, 53

Wenn die Vögel singen, rufen sie dabei die Blumen des Feldes oder sprechen sie mit den Bäumen oder ist ihr Gesang nur ein Widerhall dessen, was das Bächlein murmelt? Der Mensch

mit all seiner Klugheit kann nicht verstehen,
was die Vögel sagen oder was der Bach vor sich
hinmurmelt oder was die Wellen flüstern, wenn
sie langsam und sanft den Strand berühren.

Der Mensch in all seiner Klugheit kann nicht
verstehen, was der Regen spricht, wenn er auf
die Blätter in den Bäumen fällt oder wenn er
aufs Fensterbrett tropft. Er weiß nicht, was der
flüchtige Wind den Blüten zu erzählen hat.

Aber das Herz des Menschen ist imstande, die
Bedeutung dieser Stimmen zu fühlen und zu begreifen. Oftmals bedient sich die ewige Wahrheit einer geheimnisvollen Sprache. Seele und
Natur unterhalten sich miteinander, während
der Mensch abseits steht, sprachlos und verwirrt. Und hat der Mensch nicht Tränen vergos-
sen über diese Stimmen? Sind seine Tränen
nicht ein beredtes Zeugnis seines Verstehens?

Ideen, 91 f

Und was ist in Worten ausgedrücktes Wissen
anders als der Schatten des Wissens ohne
Worte? Prophet, 65

Die besten Früchte des Wissens sind die Träume, und wer sie gewinnt, hält sie fest, und weder Hohn noch Spott können ihn erschüttern.

Ideen, 52

Almustafa sprach: „Im Schlafe blüht ihr auf, und ihr lebt euer reicheres Leben, während ihr träumt. Denn all eure Tage verbringt ihr, um dafür zu danken, was ihr in der Stille der Nacht empfangen.

Oft denkt und sprecht ihr von der Nacht als der Zeit der Ruhe, doch in Wahrheit ist die Nacht die Zeit der Suche und des Findens.

Der Tag gibt euch die Kraft des Wissens, und er lehrt eure Hände die Kunst des Empfangens, aber es ist die Nacht, die euch zur Schatzkammer des Lebens führt.

Die Sonne lehrt alle Dinge, nach dem Licht zu streben; doch ist es die Nacht, die alles zu den Sternen hebt ..."

Garten, 29 f

Das Aussehen der Dinge verändert sich wie die Gefühle. Wir vermeinen, Schönheit und Wunder wahrzunehmen, während Schönheit und Wunder in Wirklichkeit in uns selbst sind.

Ideen, 10

Vielleicht ist die Perle für das Meer die Beschreibung einer Muschel.

Vielleicht ist der Diamant für die Zeit die Beschreibung von Kohle.

Sand, 43

Eine bestimmte Art von Verrücktheit ist die erste Stufe zur Selbstlosigkeit. Begib dich deines gesunden Verstandes und erzähle uns, was hinter dem Schleier der sogenannten Vernunft verborgen liegt. Es ist der Sinn des Lebens, uns diesen Geheimnissen näher zu bringen, und verrückt zu sein, ist die einzige Möglichkeit.

Ideen, 63

Vertrauen ist eine Oase im Herzen, die von der Karawane des Denkens nie erreicht wird. Sand, 54

5. Von der Kunst

Der Musiker mag euch etwas vorsingen und schwärmen vom Rhythmus im All, doch kann er euch weder das Ohr schenken, das diesen

Rhythmus festhält, noch die Stimme, die ihn wiedergibt. *Prophet, 43*

Kunst ist ein Schritt von der Natur zur Unendlichkeit. *Sand, 62*

Und nur der ist groß, der die Stimme des Windes verwandelt in ein Lied und durch dessen Liebe dies Lied noch süßer wird. *Prophet, 24*

Die Poesie, meine Freunde, ist die geheiligte Menschwerdung eines Lächelns. Poesie ist ein Atemzug, der alle Tränen trocknet. Poesie ist der Geist, der in der Seele wohnt, der vom Herzen genährt wird und dessen Wein die Zuneigung ist. Poesie, die in anderer Form einhergeht, ist nur ein falscher Messias. *Ideen, 77*

Als ich zu zeichnen und zu malen anfing, da sagte ich nicht zu mir selbst: „Schau an, Kahlil Gibran. So viele Wege der Kunst liegen vor dir:

der klassische, der moderne, der symbolistische, der impressionistische und andere. Wähle einen davon." Ich tat nichts dergleichen. Mein Pinsel und meine Feder zeichneten ganz von alleine die Symbole meiner Gedanken, Gefühle und Vorstellungen auf. Manche glauben, daß es die Aufgabe der Kunst sei, einfach eine Abbildung der Natur darzustellen. Aber die Natur ist viel zu großartig und viel zu fein, als daß man sie erfolgreich imitieren könnte. Kein Künstler ist je imstande, auch nur die geringste Schöpfung der Natur oder eines ihrer Wunder getreu abzubilden. Und außerdem: welch einen Gewinn bringt es, die Natur zu imitieren, wenn sie offen zugänglich für alle ist, die zu sehen und zu hören verstehen? Vielmehr liegt die Aufgabe der Kunst im Verstehen der Natur. Die Kunst soll den Sinn der Natur denjenigen erschließen, die nicht imstande sind, sie zu verstehen. Es geht darum, die Seele eines Baumes wiederzugeben, nicht das Aussehen eines Baumes, vollbeladen mit Früchten. Es geht darum, das Bewußtsein des Meeres zu enthüllen, und nicht so und soviele schaumgekrönte Wellen oder eine Menge blauen Wassers darzustellen. Es ist die Sendung der Kunst, das Unbekannte aus dem allzu Bekannten hervorzuheben.

Habe Mitleid mit einem Auge, das im Sonnenlicht nicht mehr wahrzunehmen vermag als einen Wärmequell und eine Fackel, die den Weg zwischen der Wohnstätte und dem Büro erhellt. Solch ein Auge ist blind, auch wenn es imstande ist, eine Fliege auf einen Kilometer Entfernung zu sehen. Hab Mitleid mit dem Ohr, das im Gesang einer Nachtigall nicht mehr hört als eine bestimmte Anzahl von Noten. Solch ein Ohr ist taub, auch wenn es imstande ist, das Kriechen der Ameisen in ihren unterirdischen Labyrinthen zu vernehmen.   Ideen, 66

Dichtung ist keine Meinung, die man äußert. Es ist ein Gesang, der sich aus einer blutenden Wunde oder einem lächelnden Mund erhebt.

Sand, 20

Jeden Gedanken, den ich in die Sprache eingekerkert habe, muß ich durch meine Taten befreien.   Sand, 64

Dichtung ist Weisheit, die das Herz entzückt. Weisheit ist Dichtung, die in der Seele singt. Wenn wir das Herz eines Menschen entzücken und zur gleichen Zeit in seiner Seele singen könnten, dann würden wir wirklich im Schatten Gottes leben.

Sand, 21

V
Wie der Same,
der die Schale zerbricht!

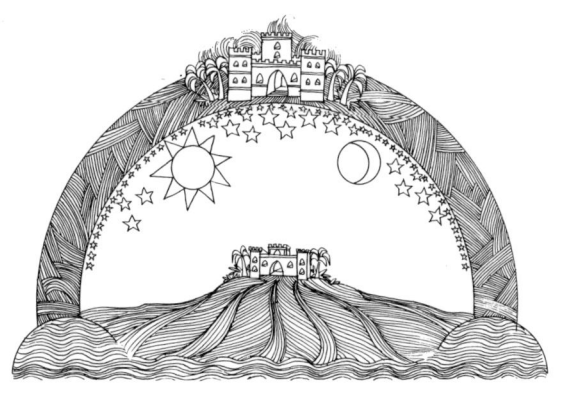

Wir Wanderer, die wir stets den einsameren Pfad suchen, beginnen keinen Tag, wo wir den Tag vorher beendigt; und kein Morgenrot findet uns, wo uns das Abendrot verließ.

Prophet, 61

In eurem Verlangen nach eurem höchsten Ich liegt eure Güte, und diese Sehnsucht lebt in jedem von euch.   Prophet, 49

Gott hat dem Menschen die Kraft gegeben, zu hoffen, inbrünstig zu hoffen, bis das Erhoffte den Schleier des Vergessens von seinen Augen nimmt und er sein wahres Selbst erblicken kann. Wer sein richtiges Selbst sieht, erblickt zugleich die Wahrheit des echten Lebens, sich selbst, die gesamte Menschheit und alle Dinge betreffend.   Ideen, 85

In der Tiefe eures Hoffens und Wollens liegt euer stillschweigendes Wissen um das Jenseits;
    Und dem Samen gleich, der unter dem Schnee träumet, so träumt euer Herz von dem Lenze.
    Trauet euren Träumen, denn das Tor der Ewigkeit ist darin verborgen.   Prophet, 59

Man sagt mir: „Ein Vogel in der Hand ist soviel wert wie zehn im Busch."

Aber ich sage: „Ein Vogel und eine Feder im Busch ist mehr wert als zehn Vögel in der Hand."

Dein Suchen nach dieser Feder ist das Leben auf beschwingten Füßen; nein, es ist das Leben selbst.

Sand, 51

Wenn du dich nach Segnung sehnst, die du nicht beim Namen nennen kannst, und wenn du dich grämst und den Grund nicht kennst, dann wächst du wahrhaftig mit allen Dingen, die wachsen, und brichst zu deinem größeren Selbst auf.

Sand, 14

Jeder Same birgt eine Sehnsucht.

Sand, 16

Die Bedeutung eines Menschen liegt nicht in dem, was er erreicht, sondern vielmehr in dem, was er sich zu erreichen sehnt.

Sand, 13

Tief im Inneren der Seele des Menschen gibt es eine Sehnsucht, die den Menschen vom Sichtbaren zum Unsichtbaren treibt: zur Philosophie und zum Göttlichen.

Ideen, 76

Du magst an deinem Fenster sitzen und die Passanten beobachten. Und während du beobachtest, magst du eine Nonne sehen, die zu deiner Rechten geht und eine Prostituierte zu deiner Linken.

Und du magst in deiner Einfalt sagen: „Wie edel ist die eine und wie unedel die andere."

Und solltest du deine Augen schließen und eine Weile lauschen, würdest du eine Stimme hören, die in den Äther flüstert: „Die eine sucht mich im Gebet, und die andere im Schmerz. Und im Geist von beiden liegt ein Raum für meinen Geist."

Sand, 58

Lieber möchte ich zu den geringsten Menschen gehören, mit Träumen und dem Verlangen, sie zu erfüllen, als der Größte zu sein, ohne Träume und ohne Verlangen.

Sand, 39

Fürwahr, die Lust nach Bequemlichkeit mordet die Leidenschaft der Seele und folgt dann grinsend ihrem Leichenzug.   Prophet, 27

2. Von der Einsamkeit

Einsamkeit ist ein ruhiger Sturm, der all unsere toten Teile zerbricht.

Jedoch treibt er unsere lebendige Wurzel tiefer in das lebendige Herz der lebendigen Erde.

Sand, 41

Die Einsamkeit hat weiche, seidige Hände, aber mit starken Fingern ergreift sie das Herz und läßt es vor Kummer erzittern. Einsamkeit ist der Bundesgenosse des Schmerzes, aber auch der Gefährte der geistigen Erhöhung.   Ideen, 90 f.

Jeder Same, den der Herbst ins Herz der Erde senkt, hat eine andere Art, die Schale zu zerbrechen, die den Keimling umgibt. Dann bringt er Blätter hervor, hierauf Blüten und zuletzt die

Frucht. Aber es ist gleichgültig, auf welche Art das geschieht, denn jede Pflanze unternimmt eine einsame Pilgerfahrt und hat eine Sendung zu erfüllen: nämlich vor dem Angesicht der Sonne zu stehen.   Ideen, 75

Und wie jeder von euch allein steht in Gottes Wissen, ebenso muß jeder von euch allein sein in seinem Wissen um Gott und seinem Verstehen der Erde.   Prophet, 43

Dein Leben, mein Bruder, vollzieht sich an einer einsamen Wohnstätte, abgeschieden von den Behausungen anderer Menschen. Kein fragender Blick eines Nachbarn kann in das Innere deines Hauses dringen. Wenn es in Dunkelheit versunken wäre, die Lampe deines Nachbarn könnte es nicht erleuchten. Wenn es aller Vorräte bar wäre, aus den Speichern deines Nachbarn könnte es nicht gefüllt werden. Wenn es in der Wüste stünde, du wärest nicht imstande, es in einen Garten zu stellen, den fremde Hände angelegt und bepflanzt haben. Wenn es auf einer Bergesspitze stünde, du könntest es nicht zu Tal bringen, wo andere Menschen ihres Weges ziehen.

Das Leben deines Geistes, mein Bruder, ist eingehüllt in Einsamkeit, und gäbe es diese Einsamkeit und dieses Alleinsein nicht, du wärest nicht du und ich nicht ich. Ideen, 90

Ich habe die Einsamkeit gesucht, denn in ihr gibt es volles Leben für den Geist, für die Seele und für den Körper. Ich habe die endlosen Grasebenen gefunden, auf denen das Licht der Sonne liegt, wo die Blumen ihren Duft in den Raum atmen und wo die Bäche ihren Weg zum Meer singen. Ich habe die Berge entdeckt, auf denen ich das frische Erwachen des Frühlings fand, das farbenprächtige Sehnen des Sommers, die reichen Gesänge des Herbstes und das schöne Geheimnis des Winters. Ich kam in diese entlegene Ecke von Gottes Herrschaftsgebiet, denn ich hungerte danach, die Geheimnisse des Universums zu erfahren und mich dem Thron Gottes zu nähern. Geheimnisse, 20

3. Von der Innerlichkeit

Erst so ihr trinket aus dem Flusse des Schweigens, werdet ihr wahrhaft singen.   Prophet, 60

Die große Wahrheit, die die Natur erfüllt, wird nicht mittels der menschlichen Sprache von einem zum anderen weitergegeben. Die Wahrheit bevorzugt die Stille, um ihre Botschaft liebenden Seelen mitzuteilen.   Ideen, 89

Eine Weile verharrte jeder von uns beiden schweigend in der Erwartung, daß der andere zu sprechen beginne. Aber sind es Worte, die Einverständnis schaffen zwischen liebenden Seelen? Sind es die Laute der Lippen, die bewirken, daß die Herzen der Menschen einander näherkommen? Gibt es nichts Erhaberenes, als was der Mund gebiert, und nichts Heiligeres, als was die Schwingungen der Kehle hervorbringen? Geschieht es nicht durch das Schweigen, daß die Ausstrahlungen der Seele die andere Seele erreichen und das Flüstern des Herzens einem anderen Herzen vermittelt wird? Ist es nicht das Schweigen, das uns von uns selber befreit, uns im unbegrenzten Raum des Geistes schweben läßt in eine höhere Welt, in der wir ahnen, daß unsere Körper Gefängniszellen sind und diese Welt für uns nur ein Exil ist?   Flügel, 34 f

So schwieg ich, denn ein tiefes, grenzenloses Gefühl wird seiner allumfassenden Kraft beraubt, wenn man es durch beschränkte, unzureichende Worte auszudrücken versucht.

Flügel, 31

Ist Religion nicht eine jegliche Tat und Betrachtung?

Und ist sie nicht gleichzeitig weder Tat noch Betrachtung, sondern ein Wunder und ein Erstaunen, das dauernd aus der Seele quillt, selbst derweil die Hände den Stein behauen oder den Webstuhl besorgen?   Prophet, 57 f

Ihr betet in eurem Elend und in eurer Not; ach, wolltet ihr doch auch beten in der Fülle eurer Freude und in den Tagen des Überflusses!...

Betet ihr, so erhebt ihr euch gen Himmel und trefft dabei jene, die zur gleichen Stunde beten und denen ihr nur im Gebete zu begegnen vermöget.

Daher sei euer Verweilen in jenem unsichtbaren Tempel reine Verzückung und süße Teilnahme am Abendmahle.

Denn solltet ihr den Tempel nur betreten um zu bitten, so werdet ihr nicht empfangen.

Und solltet ihr ihn betreten, um euch zu erniedrigen, so werdet ihr nicht erhoben.

Oder solltet ihr ihn betreten, um für das Wohl anderer zu bitten, so werdet ihr nicht erhöret.

Es ist genug an sich, daß ihr den unsichtbaren Tempel betretet.

Ich kann euch nicht lehren, wie ihr in Worten beten sollt.

Gott lauscht nicht auf eure Worte, es sei denn, daß Er sie selber durch eure Lippen ausspreche ...

Und lauschet ihr nur in der Stille der Nacht,

so werdet ihr sie in ihrem Schweigen sprechen hören:

„Vater unser, der du bist unser beschwingtes Ich, Dein Wille in uns wolle.

Dein Wunsch in uns wünsche.

Dein Drang in uns verwandle unsre Nächte, die Dein sind, in Tage, die auch Dir gehören.

Wir können Dich um nichts bitten, denn Du weißt, was uns not tut, ehe das Bewußtsein dessen in uns geboren ist:

Denn Du bist uns not; und gibst Du uns mehr von Dir selber, so gibst Du uns alles."

Prophet, 50 f

Wenn du etwas begriffen hast, dann glaubst du es; der wahrhaft Glaubende aber sieht mit seinen geistigen Augen, was ein oberflächlicher Beobachter mit den Augen des Kopfes nicht sehen kann. Er begreift Dinge mit dem Denken seines Herzens, die jemand, der die Sache nur von außen mit anspruchsvollen und erlernten Gedankengängen prüft, nicht verstehen kann.   Ideen, 11

Schmerz bedeutet das Brechen der Schale, die euer Verstehen umschließt.

Genau wie der Obstkern brechen muß, auf daß sein Herz der Sonne ausgesetzt sei, ebenso müßt auch ihr den Schmerz erleben.

Und vermöchtet ihr, das Staunen über die täglichen Wunder des Lebens in eurem Herzen lebendig zu bewahren, so schiene euch der Schmerz nicht minder wunderbar als die Lust;

Und ihr nähmet hin die Zeitläufte eures Lebens, so wie ihr stets die Jahreszeiten hinnahmet, die über eure Felder gleiten;

Und ihr wachtet mit Heiterkeit durch die Wintertage eures Grams.

Vieles ist in eurem Schmerz selbsterwählt.

Es ist dies der bittere Trank, mit dem der Arzt in euch das kranke Ich heilt.

Daher trauet dem Arzte und trinket sein Heilmittel in Schweigen und Gelassenheit:

Denn seine Hand, wie schwer und hart sie auch sein mag, wird gelenkt von der milden Hand des Unsichtbaren. Prophet, 40

Unser Herz mit seinen mannigfachen Gefühlen gleicht der Zeder mit ihren verschiedenen Ästen. Wenn sie eines starken Astes beraubt wird, leidet sie darunter, doch sie geht daran nicht zugrunde, denn sie wird alle Lebenskräfte auf den benachbarten Ast übertragen, damit dieser wächst und emporragt und sich anstelle des fehlenden Astes neue grüne, saftige Zweige bilden.

Flügel, 77

Eure Freude ist entlarvtes Leid.

Und dieselbe Quelle, aus der euer Lachen entspringt, ward oft erfüllet von euren Tränen.

Je tiefer das Leid in eurem Innern bohrt, um so mehr Freude vermöget ihr zu fassen.

Ist nicht die Schale, die euren Wein enthält, das gleiche Gefäß, das im Ofen des Töpfers gebrannt?

Und ist nicht die Laute, die euer Leid lindert, das gleiche Holz, das von Messern durchbohrt ward?

Seid ihr fröhlich, so spähet tief in eurem Herzen und ihr werdet entdecken, daß nur, was euch Leiden schuf, euch auch Freuden bringt.

Seid ihr betrübt, so spähet wiederum in eurem Herzen, und ihr werdet finden, daß ihr in Wahrheit weinet um gewesene Wonne.

Etliche von euch sagen: „Freude ist größer denn Kummer", und andere sagen: „Nein, Kummer ist größer als Freude".

Doch ich sage euch: beide sind unzertrennlich …

Wahrlich, wie die beiden Schalen einer Waage hanget ihr zwischen Leid und Freude.

Nur wenn ihr leer seid, gelangt ihr zum Stillstand und Gleichgewicht.   Prophet, 24

Wie soll mein Herz entsiegelt werden, ohne gebrochen worden zu sein?   Sand, 26

Wenn euch Dunkelheit umhüllt, sagt: „Die Dunkelheit ist eine Morgendämmerung, die darauf wartet, geboren zu werden; und selbst wenn die Qualen der Nacht auf mir lasten, der Morgen wird geboren sein, in mir wie auf den Hügeln."   Garten, 38

Und so ihr die Wehen des Werkes auf euch nehmet, liebt ihr das Leben wahrhaftig.

Und das Leben lieben, inmitten der Wehen, heißt vertraut sein mit des Lebens innerstem Geheimnis.

Prophet, 22

Die Stärke, die das Herz vor Verletzungen bewahrt, hindert es auch daran, seine wahre Größe zu erreichen. Der Gesang der Stimme ist süß, der Gesang des Herzens aber ist wie eine Stimme vom Himmel.

Abgründe, 74

Das Leid ist der Schatten eines Gottes, der in bösen Herzen keine Wohnstätte hat.

Wer einmal von seinen eigenen Tränen durchdrungen und gereinigt wurde, wird rein sein für immer.

Geheimnisse, 36

Materielle Dinge bringen den Menschen um, ohne daß er es spürt. Liebe erweckt ihn mit belebendem Schmerz.

Ideen, 99

Wir wählen unsere Freuden und Leiden lange aus, bevor wir sie erproben.   Sand, 53

Beneiden nicht die im Äther wohnenden Geister den Menschen um seinen Schmerz?   Sand, 10

Im Herbst sammelte ich alle meine Sorgen und vergrub sie in meinem Garten.

Und als der April wiederkehrte und der Frühling kam, die Erde zu heiraten, da wuchsen in meinem Garten schöne Blumen, nicht zu vergleichen mit allen anderen Blumen.

Und meine Nachbarn kamen, um sie anzuschauen, und sie sagten zu mir: „Willst du uns, wenn der Herbst wiederkommt, zur Saatzeit, nicht auch Samen dieser Blumen geben, damit wir sie in unseren Gärten haben?"   Sand, 62

5. Von der Trauer

Und immer war es so, daß Liebe ihre eigne Tiefe nicht erkennt bis zur Stunde der Trennung.
Prophet, 11

Die Tränen, die ihr vergeßt, sind reiner als das Lachen dessen, der Vergessen sucht, und süßer als der Hohn des Spötters. Tränen reinigen die Seele vom Brand des Hasses, und sie lehren die Menschen, den Schmerz derer zu teilen, die ein gebrochenes Herz haben. Es sind die Tränen des Mannes aus Nazareth.
Ideen, 98

Unsere geheimsten Tränen suchen nie unsere Augen.
Sand, 63

Du magst denjenigen vergessen, mit dem du gelacht, aber nie denjenigen, mit dem du geweint hast.
Sand, 60

Gleiche nicht jenem, der am Kamin sitzt und wartet, bis das Feuer ausgeht, und dann umsonst in die erkaltete Asche bläst. Gib die Hoffnung nicht auf, und verzweifle nicht wegen vergangener Dinge: Unwiederbringliches zu beweinen, gehört zu den ärgsten Schwächen des Menschen.

Ideen, 82

Eine einzige Träne, die auf dem gefurchten Gesicht eines alten Mannes glänzt, beeindruckt uns stärker als solche, die ein junger Mensch vergießt, denn die Tränen der Jugend sind zahllos, und sie bedeuten das Überborden sensibler Seelen, die Tränen der Greise hingegen sind ein Rest des Lebens in ihren kraftlosen Körpern, der aus ihren Augen tropft. Die Tränen der Jugend sind wie Tautropfen auf den Blütenblättern der Rose, während die Tränen auf einem Greisengesicht gelben Herbstblättern gleichen, die der Wind zerstreut und davonträgt, wenn der Winter des Lebens naht.

Flügel, 43 f.

Verzweiflung ist eine Ebbe für jede Flut des Herzens. Verzweiflung ist eine verstummte Gemütsbewegung. Verzweiflung schwächt unsere Sehkraft und verschließt unsere Ohren. Wir sehen nichts, außer den Gespenstern des Verderbens, und hören nur den Schlag unseres erregten Herzens.

Ideen, 21

Derjenige, den Trauer und Verzweiflung nicht wiedergeboren haben und den die Liebe nicht in die Wiege der Träume gelegt hat, bleibt ein unbeschriebenes, weißes Blatt im Buch des Lebens.

Flügel, 15

Ich wäre nicht bereit, das Lachen meines Herzens gegen den Reichtum der Menge einzutauschen, noch würde ich zustimmen, daß meine Tränen, hervorgerufen von der Verzweiflung meines Inneren, sich in Ruhe verwandeln. Es ist meine glühende Hoffnung, daß mein gesamtes Leben auf Erden stets aus Lachen und Weinen besteht.

Ideen, 100